Aus dem Sand

Steve Sieting

CITI OF
BOOKS

CITIOFBOOKS, INC.
3736 Eubank NE Suite A1
Albuquerque, NM 87111-3579
www.citiofbooks.com
Hotline: 1 (877) 389-2759
Fax: 1 (505) 930-7244

Bestellinformationen:
Mengenbestellungen. Sonderrabatte gelten für Mengenbestellungen von Unternehmen, Verbänden und anderen. Für weitere Informationen wenden Sie sich bitte an den Verlag unter der oben genannten Adresse.

Gedruckt in den Vereinigten Staaten von Amerika.

ISBN-13:		
	Taschenbuch	979-8-90124-301-5
	eBook	979-8-90124-303-9
	Gebundene Ausgabe	979-8-90124-302-2

Kontrollnummer der Library of Congress: 2024925193

Inhaltsverzeichnis

Danksagungen 1

Einführung... 3

Gedichte Von Steven Sieting 5

Der Herr Ist Mein Hirte... 6

Opfer 7

Unser Weg Zu Date 9

Ich Mag Dich Immer Noch! 13

Ich Liebe Immer Noch Dich! 13

Papa 14

Mit Mir Auf Schritt Und Tritt, ... 15

Jeden Tag.. 15

Geh Vor Mir, Herr, Das Bete Ich 17

Das Ertrinken... 18

Er Hörte Meinen Schrei 21

Er Ist Alles, Was Ich Will.. 22

Berge 23

Sie Waren Mehr Als Ein Elternteil............................ 25

Tropfen 27

Versiegelt.. 28

Mauern 31

Ich Rufe Immer Noch 32

Bedingungslose Geschenke....................................... 34

Bewusstes Leben... 35

Ein Neuer Tag 36

Worte 37

Gestern 38

Ach, Im Walde Zu Spazieren 39

Die Versöhnung.. 40

Worte Gebären Worte 41

Spuren.. 42

Die Freiheit Von Abraham Lincoln 43

Wandteppich Des Lebens 45

Das Vergehen Meines Herzens.................................. 46

Mitgefühl... 47

Überwindung.. 48

Sünde..50

Zwei Ausgestreckte Arme 51

Die Peilung 52

Antworten..54

Aufruf..55

Sehr Wenige 56

Depression 57

Jenseits Des Lichts...58

Gebetvolle Meditation..59

Flüchtige Worte..60

Furchtbarer Feind 61

Ich Gläubiger...63

Nur Eine Konstante 64

Rache 65

Glaube Und Werke 66

Böses Herz 67

Glaube Mit Gegensätzlichen Ansichten 68

Nichts 69

Mein Zimmer..70

Bedingter Mensch 71

Setz Ab 72

Das Meer...73

Kritisches Herz..74

Meine Depression 75

Schaf...76

Mann Mit Glaube..76

Dennoch..77

Aber Nicht 79

Die Hände Des Meisters 80

Der Abtrünnige Eine..81

Wellen...82

Eindrücke..84

Widerhallende Stimme...85

Schatten Werfen 86

Hast Du Je Über Deine Wege Nachgedacht? 87

Er Bittet Um Dich..88

Versteckte Steine 89

Der Glaube Muss Kultiviert Werden 91

Ich Wünsche Mir Dich...92
Gedichte Von Eleanor Sieting..................................94
Verzweiflung...95
Trauernde...96
Ich Fand Einen Freund 97
Jesus..98
Die Geburt Unseres Erlösers...................................99
Die Liebe Gleicht 100
Lärm 101
Gedichte Von Steven M Sieting Ii 102
Mein Vater...103
Meine Mutter 104
Unsere Familie Beginnt 107
Lernen, Dass Das Leben Nicht Immer Fair Ist.........112
Mich Selbst Als Kind Sehen 113
Ich Lernte Den Wert Des Charakters Durch Eine Lüge..........114
Einen Standpunkt Einnehmen,
Der Ein Leben Lang Bestand Hat 116
Junior High 118
High School 120
Mangelnde Lesekompetenz 122
Holt Mich Ein 122
Us Navy...123
Mittelmeer Betrieb 126
Ich Lernte Meine Frau Lynn Bei Der Marine Kennen 129
Unsere Kinder..132
Arbeit Nach Der Marine 136
Ein Schlechter Apfel...138
Der Geheime Informant..140
Genug War Genug 142
Eine Entscheidung Bedeutet Nicht Immer,
Dass Es Vorbei Ist..144
Ein Paar Zusätzliche Gedanken 146
Unebenheiten Und Schlaglöcher
Auf Der Straße Des Lebens 147
Dosen Neben Der Straße.......................................149
Zertifizierung 151
Draht-Verbindungen...152

Dackel - Lektion.. 154
Die Macht Deines Gebets 155
Krebs... 157
Sammeln 158
Fazit 160
Über Die Autoren.. 162

DANKSAGUNGEN

Danken möchte ich meinen Eltern. Ihre Liebe stand für mich außer Frage, weil ich sie jeden Tag in ihren Augen sah. Ohne Geld aufgewachsen, blieben wir doch geistig reich. Sie ermutigten uns, unser Bestes zu geben, und liebten uns für das, was wir waren. Scheiterten wir, halfen sie uns, die Scherben aufzukehren und neu zu beginnen. Dank ihrer Liebe, Unterstützung, ihres Glaubens und Vertrauens erlebte ich eine glückliche Jugend. Ich wuchs als introvertiertes Kind auf und kann mir kein glücklicheres Umfeld vorstellen. Meine Eltern führten ein einfaches Leben und machten stets das Beste daraus. Ich liebe sie von ganzem Herzen.

Meiner Frau Lynn danke ich dafür, dass sie mich beim Schreiben unterstützt hat. Sie hat die Idee, ein Buch zu schreiben, stets befürwortet und mich in jeder Phase des Prozesses unterstützt. Sie hörte mir zu und bot wertvolle Vorschläge sowie Korrekturen an.

Sobald ich mit dem Schreiben begann, teilte ich meinen Glauben am Arbeitsplatz mit einigen Kolleg:innen. Jonathan Sanders, auch bekannt als Gabe, war mein Büropartner. Wir arbeiteten gut zusammen, wurden Freunde, tauschten Familiengeschichten und lachten über die Probleme und Familienangelegenheiten des anderen. Im Gegensatz zu vielen anderen las Gabe meine Gedichte nicht nur, sondern kommentierte sie. Er kannte mich, akzeptierte mich so, wie ich bin, und ermutigte mich mit höflichen Vorschlägen. Ich bin ihm dankbar für seine Ehrlichkeit, Unterstützung und besonders für seine Freundschaft. Er bewertete mich nie als schlecht, und über einige meiner Gedichte haben wir gemeinsam gelacht. Deshalb schickte ich ihm die meisten meiner Arbeiten zur Durchsicht.

Danke gebührt ebenfalls meiner Schwiegermutter Yvonne Black. Sie ist meine größte Unterstützerin. Ihr lebhaftes Interesse bestärkte mich, obwohl ich damals nur wenigen Menschen meine Gedichte zeigte.

Meinen engen Freund*innen Stephen und Rita Hoy, die mir bei diesem Buch halfen, sowie Keith und Kathy Trout danke ich besonders. Lynn und mich ermutigten sie stets und unterstützten uns im Gebet.

Ich schätze mich glücklich, solche wahren Freundinnen und Freunde zu haben.

Mein Pastor Mark Merrill von der Assembly in Warner Robins, Georgia, hört mir stets zu und ermutigt mich. Seit er unsere Gemeinde leitet, stärkt mich seine Lehre in schweren Zeiten. Vor seiner Zeit stand ich kurz vor dem endgültigen Kirchenaustritt. Er hörte mir ohne Verurteilung zu, auch wenn ich ihm nichts beichtete, und er erkannte meinen geistlichen Zustand. Seine Liebe und Akzeptanz waren freiwillig, und dafür danke ich ihm.

EINFÜHRUNG

Während des Georgia Men's Advance Retreats im Jahr 2010 fühlte ich mich vom Heiligen Geist dazu geführt, ein Buch zu schreiben. Obwohl ich mich als letzte geeignete Person betrachtete, begann ich umgehend die Reise, um dem Heiligen Geist zu gehorchen. Die Last ließ mich nicht los, also schrieb ich Gedichte, ohne zu wissen, was dabei entstehen würde oder woher die Worte kamen. Sobald ich den Stift ans Papier führte, entdeckte ich etwas, das ich mir nie hatte erträumen wagen. Diese Erfahrung öffnete mir die Augen dafür, wer ich in Gott bin, und ließ mich den Heiligen Geist in mir entdecken. Ich habe gelernt, ihm bei jedem Schritt zu vertrauen, auch wenn ich nicht alles verstehe. Dies gelingt nur, wenn ich Gottes Wort gehorche, bete und seinem Geist folge.

Gehorsam ruft diese zurückhaltende Person aus ihrer Komfortzone, um dir zu zeigen, dass du nicht allein bist. Du kannst es schaffen. Jede Person begegnet Hindernissen und findet Ausreden. Spüre in deine Worte hinein und erkenne, ob Ausreden dich davon abhalten, durch Christus zum Überwinder zu werden. Durch seine Hilfe entwickelte ich mich von einer ungebildeten, in sich gekehrten Person zu einer angesehenen Person in meinem Arbeitsbereich. Viele wissen, dass ich nicht besonders gut buchstabieren kann, aber sie wissen nicht, dass ich beim Schulabschluss eine sehr niedrige Lesestufe hatte. Nur meine engsten Vertrauten kennen mein Problem, meine Augen und meinen Geist zu konzentrieren. Gott führte mich aus meiner Komfortzone heraus. Als Kind war das mein Sandspielplatz. Er brachte mich in Positionen, in denen ich wachsen konnte. Manche Aufgaben waren schwierig, doch er wandelt alles zum Besten, wenn wir seiner Führung folgen.

Meine Selbstbeobachtung entstand aus dem Wunsch, viele Bereiche meines Lebens zu verbessern. Diese Beobachtung stärkte mich, meine Schüchternheit und meine schwachen Lesefähigkeiten zu überwinden. Ich erkannte, dass der Heilige Geist und das Gebet mir ermöglichen, dem Herrn Rechenschaft abzulegen. Im Gegenzug erhebt er mich, wenn ich seiner Führung folge. Durch beständiges Hören auf den Heiligen Geist erkannte ich meinen sündigen Zustand und wuchs geistlich.

Viele meiner Gedichte sind Bekenntnisse meines Herzens über den Zustand, durch den ich gegangen bin. Ich weiß, dass viele Menschen Schlimmeres überwunden und schwierigere Zeiten durchlebt haben, doch das Bedürfnis, etwas zu überwinden, bleibt überall gleich.

Ich teile meine Gefühle und mein Versagen, damit du ermutigt und gestärkt wirst. Mögen diese Worte dich in eine private Zeit mit dem Heiligen Geist führen und deinen geistlichen Weg mit dem Herrn verbessern.

Dieses Buch versammelt Gedichte von drei Generationen meiner Familie. Mögen die herzlichen Worte dir gefallen und dein Nachdenken über deine Beziehungen zu deiner Familie und zu Gott anregen. Die Gedichte stammen von meiner Mutter Eleanor Sieting, meinem Sohn Steven Sieting II und mir. Das Herz singt seine Lieder durch die Stationen des Lebens. Diese Lieder klingen von Freude und von Verzweiflung. Der Herr hat mich beauftragt, weitere Lieder zu schreiben und sie zu teilen. Möge dein Herz ermutigt werden, denn du bist nicht allein. Lerne, jedes Urteil, ob es aus deinem eigenen Geist stammt oder von anderen Menschen, abzulehnen. Wenn wir die Hindernisse überwinden, die sich uns in den Weg stellen, erreichen wir unseren rechtmäßigen Platz am Fuße des Erlösers. Ich bin alles andere als perfekt, doch ich wünsche mir von ganzem Herzen, wie Paulus sagen zu können: „Folgt mir, wie ich Christus folge." Unser Leben ist wie ein Lied, das von einer süßen Melodie und bedeutungsvollen Worten getragen wird.

Die Gedichte stehen in der Reihenfolge ihres Entstehens und dokumentieren meine spirituelle Reise.

GEDICHTE VON STEVEN SIETING

Der Herr ist mein Hirte

Mein Hirte ist der Herr, er leuchtet mir voran. Meine Seele lebt von ihrer Gnade. Sein Wort ist geradlinig und wahr, lies es. Lebe sein Wort, und es trägt dich durch alles. Der Weg, den er gegangen ist, bleibt sichtbar. Folge Jesus, dann wird der Weg hell.

Christus Jesus war, ist und wird immer sein. Gib ihm dein Leben; es ist einfach. Danach folgt die eigentliche Prüfung, doch in jeder Prüfung zeigt er sich dir. So lernst du, Gottes Liebe zu zeigen, und wächst daran. Sein Licht soll ständig in uns leuchten, nicht nur gelegentlich.

Referenz: Psalm 23

Ich denke, es ist passend, dass der Herr mich dieses Gedicht zuerst schreiben ließ. Ich spreche über das Leben in Übereinstimmung mit dem 23. Psalm im Abschnitt über Krebs und nachdem ich vom Herrn gehört habe. Ich bezeichne es als ein Leben als „No-Matter-What"-Jünger von Jesus. Es geht darum, Jesus und seinem Wort vollkommen zu vertrauen und ihnen zu gehorchen, denn sie sind das Leben für unsere Seele.

Opfer

Opfer, oh Opfer.
Was liegt in dir, oh Opfer? Ein Wandel im Stil,
ein Wunsch oder Drängen, ein sehnender Will'.
Den Preis für das zahlen, was Herz wirklich meint,
die Stärke entdecken, die in dir vereint.
Dann geh weiter, getragen von Glauben und Ziel,
ohne Zweifel im Herzen, ohne eig'nen Will'.

Die Bibel versucht dir den Weg aufzuzeigen,
die Gerechtigkeit Jesu im Leben zu zeigen.
Durch Gleichnis und Glauben, durch Taten so klar,
die Frucht seines Lebens wird offenbar.
Mach Wohnung in mir, Herr, bis du mich nach Haus rufst,
wo Frieden mich trägt und die Liebe mich ruft.
Steve Sieting
Referenz: Lukas 14:27

Die Trauung von Lynn und mir erfolgte vor dem Kamin im Haus ihrer Eltern. Nur wenige Menschen waren in der Stadt, weil wir an einem Wochenende heirateten, an dem ein kirchliches Softballturnier stattfand. Kurz danach reisten Lynn und ich ab. Ich hatte nur zwei Nächte Zeit, dann musste ich zu meinem U-Boot zurückkehren, denn wir würden die folgenden zehn Wochen in Südamerika unterwegs sein.

Unser Weg zu Date

Als wir uns zum ersten Mal sah'n,
war Lachen der ganze Tag getan.
Unser erstes Date, San Franciscos Bucht,
am Strand entlang, so kühl, so luftig, voller Frucht.
Die Zeit verging, die Schritte leicht,
als hätten wir schon viel erreicht.

Bei der Marine fuhr mein Boot hinaus zur See,
als Seemann bat ich dich: „Sag bitte ja, oh weh."
Dein Vater zweifelte, ob ich der Rechte sei,
doch schwieg er nur – er sah wohl still dabei.

Die Tasten des Klaviers erklangen fort,
der Hochzeitsmarsch – er führte uns zum Ort.
„Ich hab Angst, ich kann nicht weitergeh'n",
so hörte ich dich voller Bangen steh'n.
„Mach du den ersten Schritt, mein Weib",
so sprach ich an dem Tag – und blieb dir treu und bleib.

Die Jahre gingen, doch dein Lachen klingt,
noch immer, das mein Herz so innig zwingt.
Sechsundzwanzig Jahre – ein guter Pfad,
den ich mit dir beschritten hab.
Dich lieben war stets hell und frei,
die Zeit verging, die Schritte leicht dabei.

Dein dich liebender Ehemann,
Steve
(Weihnachten 2006)

Das Ende erinnert dich an den Anfang und an die Reise, die dich hierher gebracht hat. Im Hospizzentrum nördlich von Zephyrhills in Florida küsste ich meine Mutter und sagte ihr Lebewohl. Wir wussten, ihr Tod stand kurz bevor. Ich legte meine Hand auf ihre Wange, streichelte sie und suchte dadurch eine letzte Verbindung. Sie war nicht mehr ansprechbar, doch ich brauchte diese letzte Berührung. Auf diese Weise sagte ich ihr, dass ich sie liebe. Ich sagte ihr auch, dass wir wussten, es sei ihre Zeit zu gehen, dass es in Ordnung war und dass wir sie vermissen würden. Auf der Rückfahrt zu meiner Familie nach Georgia strömten meine Tränen, weil ich sie vermisste. Ich fragte mich später, ob ich bei meinem Vater und meinem Bruder Gordon bleiben sollte, bis sie starb. Kurz nach ihrem Tod verfasste ich das Gedicht „Unser letzter Abschied", um meine Gefühle zu verarbeiten. Die meisten meiner Gedichte entstanden nach ihrem Tod.

Unser letztes Auf Wiedersehen

Ich streichle dein Haar, ich berühr' deine Wange,
mein Herz ist so schwer, es weint schon so lange.
Ich weiß, dass du mich von Herzen geliebt,
dass deine Liebe schon immer mir blieb.
Bevor ich dich küsse ein letztes Mal,
sei dir gewiss: Wir vermissen dich all.
Ich danke für Worte, für Liebe, für Rat,
ich weiß nun, dass's himmlischen Ursprung hat.
Du hast mich gelehrt, was Recht ist, was falsch,
hast täglich gebetet, unendlich und zahlreich.
Du hast mich ermutigt, die Tränen geteilt,
uns're gemeinsame Zeit hat die Jahre geheilt.
So dankbar bin ich, mehr als man's misst,
dass du meine Mutter, mein Stolz, immer bist.
Du hast stets gearbeitet, gesät und getragen,
nun bist du gegangen – ein schweres Ertragen.
Ich seh dich im Herzen, die Bilder so klar,
denn jede Erinnerung macht deutlich, du warst da.
Du bleibst stets bei mir, ein Teil, den ich trag.
Danke, Mama – in Liebe, stets und jeden Tag.
In Liebe,
Steve
(März 2010)

Meine Mutter zu der Zeit, als mein Vater in Rente ging

In der Gegend kennt man Lynn sehr gut. Sie ist kontaktfreudig und witzig. Da sie im Schulsystem arbeitet, kommt es fast nie vor, dass wir irgendwo hingehen und niemand mit uns spricht. Ich habe tiefen Respekt vor meiner Partnerin Lynn. Sie hat sich meinen Respekt erarbeitet, und mein Vertrauen in sie ist grenzenlos. Ich vertraue darauf, dass sie meine Privatsphäre wahrt. Ich bin sicher, dass sie nicht schlecht über mich spricht, wenn ich nicht da bin. Sie kennt meine Fehler, liebt mich dennoch. Mein Herz, meine Ängste und meine Geheimnisse gebe ich ihr anvertraut, sie bewahrt sie. Sie ist nicht perfekt, doch für mich ist sie vollkommen. Heute liebe ich sie mehr als je zuvor.

Liebe steht am Anfang und am Ende einer guten Ehe. Neben der Liebe entdeckte ich jedoch etwas, das die Gefühle für den Partner oder die Partnerin weiter bereichert, ohne dass diese Person etwas dafür tun muss. Ich nenne es, meinen Partner zu ehren. Zum Beispiel übernehme ich Aufgaben, die sonst Lynn erledigen würde, und führe sie ihr zuliebe aus. Während ich an ihrer Stelle arbeite, danke ich ihr und hebe sie hoch. Dabei arbeite ich mit Freude. So fühlt es sich an, als würde ich ihr ein Geschenk der Liebe überreichen, weil mein Herz, zusammen mit meiner Anstrengung, in jeder Tat mitschwingt. In diesen Zeiten leiste ich die beste Arbeit meines Lebens, als wäre sie von höchster Bedeutung. Mit dieser Haltung habe ich das Gedicht „Ich mag dich immer noch! Ich liebe dich immer noch!" Ich habe erkannt, dass Nachsicht gehört, wenn man jemanden ehrt, denn wie es in der letzten Zeile des Gedichts heißt: „Auf jeden Tag folgt ein neuer".

Auch Lynn und ich ehren uns täglich, bevor ich zur Arbeit gehe. Zum Schluss nehmen wir uns in den Arm und beten gemeinsam. „ Das bringt uns geistig und spirituell näher. Wir genießen diese innigen Momente. Weil Lynn mit kleinen Kindern arbeitet, bekommt sie den ersten Teil meiner Zeit nach der Arbeit, damit sie reden kann und ihre Lasten des Tages loswird. Ich erkenne ihr Bedürfnis, sich so auszudrücken, wie ich es nicht kann. Durch diese Zeit zeige ich ihr, dass ihre Gefühle und Bedürfnisse mir wichtig sind.

Ich mag dich immer noch!
Ich liebe immer noch Dich!

Wir waren verschieden, so anders, so frei,
und doch warst du immer die Nähe dabei.
Verspielt war die Zeit, wir lachten so viel,
die Augen voll Glanz, die Schritte ein Ziel.

Gelübde gegeben, Gelübde erfüllt,
im Glauben verbunden, vom Schöpfer umhüllt.
Fleisch von meinem Fleisch, und Bein von meinem Bein,
selten getrennt, wuchsen wir doch stets hinein.

Wir zogen die Kinder, sie gingen bald fort,
die Jahre verflogen – wo sind sie jetzt, dort?
Sie reisen alleine, gestalten ihr Leben,
ich hoffe, dass Freude und Heimat sie heben.

Man fragt uns: Wie hält denn die Ehe so lang?
Was ist euer Schlüssel? Was war euer Drang?
Lebt schlicht und bescheiden, vergesst nicht zu ehren,
mit Liebe und Respekt Gott zum Gastgeber zu wählen.

Das Leben ist wandelbar, Ebbe und Flut,
doch halte den Partner, hab stets neues Mut.
Leg Maßstäbe fest, bevor Stürme dich treiben,
denn ohne die Richtung wirst du nichts erreichen.

Arbeitet zusammen, ehr' deinen Gefährten,
sprich „Es tut mir leid", auch in späten Werten.
Teilt eure Träume, bewahrt sie im Licht,
denn auf jeden Tag folgt ein neuer – vergiss das nicht.

Steve Sieting
(Juni 2010)

Papa

Papa arbeitete hart, fast wie ein Knecht,
einfach im Leben, doch liebend und echt.
Nie klagte er, trotz geringem Lohn,
für uns tat er alles – das war sein Lohn.
Das Geld war knapp, doch er brachte es heim,
wir waren zwar arm, doch das Glück war stets dein.
Papa sprach wenig, doch jeder Blick
war ehrlich, bedeutungsvoll, sagte uns viel zurück.
Sein Blick war ein Buch, das wir lesen gelernt,
das Schweigen war voller Liebe geklärt.
Er sorgte sich treu um die Mutter so sehr,
respektvoll, in Liebe – er gab ihr noch mehr.
Ich lernte die Ruhe, die Stille von ihm,
deshalb bleibt Einfachheit heut noch mein Sinn.
Papa, ich liebe dich,
Steve
(16. Juli 2010)

Papa ist ein sehr ruhiger Mann.

Dieses Bild wurde ungefähr zu der Zeit aufgenommen, als er in den Ruhestand ging.

Mit mir auf Schritt und Tritt, jeden Tag

Auf der Straße des Lebens bin ich einst gegangen,
so stolz und allein, nur auf mich selbst verlangt.
Bis einer mir nah war, so rein und so klar,
der Sünde mich zeigte – wie schuldig ich war.

Alles war leer, was ich selber getan,
da warf ich mein Los auf den Retter sodann.
Jetzt bin ich ein Sünder, durch Gnade befreit,
kein Werk meiner Hände tilgt Schuld oder Leid.

Ich fand den Erlöser, der starb auch für mich,
den Preis hat er bezahlt – ich halte mich an dich.
Mit Jesus bin ich niemals allein,
mein Eckstein, mein Halt sollst du immer sein.

Auch wenn Stürme tosen, der Wind mich verweht,
so bete ich: „Herr, dass die Seele besteht."
Heiliger Geist, wohne tief in mir,
erleuchte den Weg und bleib nahe mir.

Lass hören die Stimme, so leise, so klein,
dein Wille allein soll die Wahl für mich sein.
Deine Liebe hat mich gezogen hinaus,
aus Sünde ins Leben, ins himmlische Haus.
Es ist nicht leicht, das Kreuz stets zu tragen,
doch ohne das Kreuz sind die Menschen verloren.
Mit jedem Schritt und an jedem Tag,
weiß ich: Du führst mich den Himmelspfad.
Steve Sieting
(Juli 2010)

Lange Zeit erlebte ich in meinem Leben eine Phase, während der mich eine Person angriff, die auf jede erdenkliche Weise Profit schlagen wollte. Fühlt man sich bedroht, handelt man schnell aus Vergeltung und folgt dem Gesetz des Fleisches. Das lehnte ich ab. Ich suchte Bibelstellen, in denen Gott Schlachten für seine Kinder schlug, und machte sie mir zu eigen, um im Sturm Frieden zu finden und mich zu orientieren. Dieses Gedicht wurde in dieser Zeit zu meinem Gebet. (Referenz: Exodus 14,14, Deuteronomium 1,29-30 und Judas 1,24-24)

Geh vor mir, Herr, das bete ich

Böse Wege flüstert der Verführer leise,
er lockt mich stets mit mancherlei Reise.
Er bringt Ablenkung, dass ich irre geh,
er kennt meine Schwächen, erkennt, was ich seh.

Doch weiß ich gewiss: Ich bin nicht allein,
der Tröster wird immer zur Seite mir sein.
Will ich dir folgen, so führ du mich hin,
Herr, öffne dein Ohr, gib meinem Flehn Sinn.

Geh vor mir her, Herr, das bitt ich im Gebet,
kämpfe die Kämpfe, bis alles vergeht.
Erleuchte die Wege, mach Finsternis hell,
denn du kennst den Feind und seine Gesell.

Du weißt um die Prüfungen, Fallen und Lohn,
du stärkst mich mit Gnade, mit Wort und mit Thron.
Geh vor mir her, Herr, das fleh ich im Gebet,
führe die Kämpfe, erleuchte den Weg.
Steve Sieting
(Juli 28, 2010)
Referenz: Deuteronomium 31:8

Das Ertrinken

Noch vor seiner Geburt hatte mein erster Enkel Tyler einen besonderen Platz in meinem Herzen. Einen echten Elternteil würde er nie kennenlernen. Ich tat mein Bestes, um für ihn eine Vaterfigur zu sein. Im Nachhinein war es das Beste, dass meine Tochter den Partner nicht heiratete, weil er ständig in Schwierigkeiten steckte und sie missbrauchte. Eines Tages kniete ich am Pool, um Unkraut zu entfernen, das zwischen Mauer und Weg wuchs. Tyler, etwa zweieinhalb Jahre alt, kam in seiner Latzhose auf mich zu. Ich sagte ihm „Hallo", lächelte und wandte mich wieder meiner Arbeit zu. Inzwischen war Tyler zur Poolleiter gegangen und hatte sich hinabgeklettert. Weniger als einen Meter hinter ihm stehend, hörte ich keinen Mucks. Ich drehte mich um, doch er war verschwunden. Ich sprang auf, beugte mich über das Wasser und erkannte ihn: Er trieb mit seitlich gestreckten Armen, als würde er am Kreuz hängen. Seine weit geöffneten Augen starrten nach oben. Der Druck des Wasserstrahls trieb ihn langsam ans tiefe Ende des Beckens. Sein Anblick unter Wasser bleibt für immer in meinem Gedächtnis. Ich packte seine Latzhose und zog ihn rasch an die Oberfläche, woraufhin er sofort zu atmen begann.

Ich erzähle dir das, weil ich depressiv war. Ich hatte gebetet und in der Bibel gelesen, doch oft versäumte ich beides. In der Kirche fühlte ich mich deshalb isoliert. Alle Worte klangen, als spräche jemand durch Wasser. Die Botschaft drang nicht zu mir durch, und ich fühlte mich unberührbar. Die Kirche hatte das Kino gemietet, damit wir gemeinsam „Die Passion Christi" sehen konnten. Ich war um ehrlich zu sein kalt wie Stein und völlig ungerührt. Ein wenig betete ich, und Gott erhörte die meisten meiner Gebete. Aber ich fand keinen Weg zurück, denn ich hatte versagt und fühlte mich schmutzig. Ich konnte das Gefühl und das Wissen, dass mir vergeben wurde, nicht erlangen. Deprimiert und isoliert blieb ich.

Mit der Zeit erreichte ich einen Punkt. Während eines Mittwochabendgottesdienstes hörte ich Satan in meinem Geist, der sagte: „Deine Religion funktioniert nicht." Die Gemeinde suchte gerade eine neue pastorale Leitung. Ich hatte mir vorgenommen, die Kirche für immer zu verlassen, falls die Zusammenarbeit mit dieser Person nicht funktionieren würde. Während eines weiteren Mittwochabendgottesdienstes predigte Schwester Etah Garcia, und ihre Worte galten allein mir. Sie riet mir, nicht vom Schiff zu springen, sondern durchzuhalten.

Auch nach dem Wechsel des Pastors blieb meine Not bestehen. Ich saß allein auf meinem Stuhl und betete. Ich wurde still und plötzlich sagte eine Stimme: „Ich höre deinen Schrei." Als nächstes zeigte er mir mein Enkelkind im Schwimmbad und wie es aussah. Ich erkannte, dass es mir nicht anders erging, als ich in meiner Depression ertrank und hoffte, jemand möge mich auffangen, damit ich wieder atmen und hören konnte. Der Druck des Lebens lastete schwer auf mir. Ich suchte Zuflucht in der Stille der Kirche und meines Zuhauses, während ich mich der Welt langsam wieder näherte. Diese Worte des Heiligen Geistes hoben mich wie aus erdrückendem Wasser, nach dem ich mich so gesehnt hatte. Ich musste gerettet werden.

Diese Konsequenz verlangte Gott von mir, weil ich nicht auf seine Güte vertraut hatte. Auch in dem Gedicht „Heard My Cry" beschreibe ich meinen Weg durch Dunkelheit und harte Zeiten zurück zu Gott. Es zeigt, wie Gott meine Beständigkeit nahm, mich damit brach und meinen Stolz zerbrach, damit ich mich nur auf ihn verlasse.

Wie viele Menschen ertrinken in der Kirche, weil sie die Botschaft nicht hören können? Manche haben gesündigt, andere können keine Verbindung herstellen. Sie sind unter Wasser, die Strömung des Lebens drängt sie aus der Kirche hinaus. Sie geben keinen Laut von sich. Sie ertrinken vor unseren Augen und verlassen die Kirche, weil sie keine Hoffnung mehr spüren. Ich kann dir nur sagen, wie sich das anfühlt. Die Gemeinde muss Verbindungen schaffen, damit Menschen vor ihrer Tür gerettet werden. Sie müssen wissen, dass der Herr hört.

„Ich habe deinen Schrei gehört." Mehr hat er nicht gesagt, doch ich kann nicht beschreiben, was diese Worte in mir ausgelöst haben. Zu wissen, dass er gesprochen hat, um mich zu retten, und dass ich sein Ohr habe, ist mir sehr wichtig. Ich weiß, dass ich nie wieder allein sein werde, und das genügt.

Mein Kumpel Tyler und ich über die Zeit, als er fast ertrunken ist.

In Psalm 40,1 heißt es: „Ich wartete geduldig auf den Herrn; er neigte sich zu mir und hörte mein Schreien.

Er hörte meinen Schrei

Von Jugend an hat man mich gelehrt,
zu geben mein Bestes – das galt mir viel wert.
Es war die Erwartung, die Prüfung zugleich,
ich tat, was gefiel, und das machte mich reich.

Gelobt zu werden, das gab mir Genuss,
doch bald ich Jesus erkennen muss.
Sein Werk, seinen Weg, sein göttliches Tun,
an jenem Tag fasst' ich den Entschluss nun:

Wie mir gesagt, gab ich ihm alles dar,
ich arbeitete hart, fiel selten, doch war
ich stets am Opfern, am Fragen: Bin ich sein?
Obwohl voller Dienst, blieb ich innerlich klein.

Mein Stolz auf die Werke ließ mich doch allein,
sahst du mich, Herr, von dem Thron so rein?
Ich bat um den Segen, ein Lächeln von dir,
ich musste dich hören – vielleicht heute, hier.

Von Anfang an dacht' ich, ich hätt' meinen Teil,
doch blieb meine Seele gebrochen, zerbrechlich, feindlich, feil.
Da schrie ich zu Jesus: „Wo fang ich nun an?"
Ich merkte, mein Tun war vergeblich getan.
Der Stolz war verschwunden, das Leben zerbrochen,
da hörte er meinen verzweifelten Pochen.
Er hielt mich im Arm, das allein half mir sehr,
erfüllte mein Herz mit lebendigem Mehr.

Da wusst' ich: Er wollte nicht Werke, nicht Lohn –
er wollte nur mich – und ich gehöre ihm schon.
Steve Sieting
(28. Oktober 2010)
Referenz: Psalm 34:17

Er ist alles, was ich will

Mein Herr, er liebt – er ist alles für mich,
er liebte zuerst, als ich sündigte ich.
So stark war die Liebe, ich ließ ihn hinein,
mein Herr ist fürsorglich – er soll alles sein.

Er kennt mich ganz nah und berührt meine Seele,
so sehr, dass er heilte, was brüchig ich wähle.
Mein Herr ist so heilig – er ist alles für mich,
sein Wort ist so leicht und bleibt ewiglich.

So sehr, dass es wirkt und in Herzen sich bricht,
mein Herr ist lebendig – er verlässt mich nicht.
Er stand auf vom Tod, er lebt heute noch,
so sehr, dass er einzig der Weg für mich doch.

Mein Herr bleibt bei mir – er ist alles für mich,
wenn Zeiten auch hart sind, er stärkt mich gewiss.
So sehr, dass er trägt, wenn die Kräfte mir fehlen,
mein Herr ist vergebend – er wird mich erwählen.
Er weiß, wie ich bin, und er ruft stets nach mir,
wenn ich bete zu ihm, macht er frei mich dafür.
(28. November 2010)
Bezug: 2. Korinther 9,8-11

Aus meinen Kämpfen in der Marine und aus meiner zehn Jahre
währenden Depression habe ich eine Lektion gewonnen: Gott führt
mich durch bewusst geschaffene Umstände. Die Liste ließe sich
fortsetzen, denn Gott versetzt Berge in unserem Leben, damit wir in
ihm lernen und wachsen. Nachdem ich die Bergpässe durchschritten
und den Weg ins Flachland hinuntergegangen bin, erkenne ich seine
überschwängliche Gnade und Barmherzigkeit, die mich leitete, selbst
als ich ihm noch nicht folgen wollte. Auf dem Weg, den er für mich
wählte, erkannte ich, dass Umkehr täglich nötig ist, während ich in
seiner Gnade wachse. Das Gedicht „Berge" trägt für mich genau diese
Bedeutung.

Berge

Du kannst dich aufregen, verzweifeln, auch schrei'n,
die Reise ist hart, oft von Sorgen durchdrängtes Sein.
Die Probleme des Alltags, erst winzig, dann groß,
Maulwurfshügel von fern, doch als Berge so stoß.

Wie oft hab ich mir gewünscht: Könnt ich sehen,
wie Länder sich öffnen, die Wege geschehen.
Ich betete im Glauben, dass Berge sich rühren,
doch blieben sie stehen, sie wollten nicht führen.

Wenn eine Entscheidung vor mir dann stand,
ward Beten zur Suche nach göttlicher Hand.
Da fand ich den Pfad, so alt und so schmal,
er schlängelte sanft durch das grüne Tal.

Er brach in die Lichtung, die Aussicht so weit,
die Berge verwandelt in Klarheit und Kleid.
Da wusste ich, Gottes Weg war mein Steg,
er führte mich hindurch – so sicher, so reg.

Im Suchen gewachsen, im Hören gestärkt,
erkannte ich, was Gottes Weisheit bewirkt.
Wär alles bequem, so flach und so sacht,
hätt ich niemals gesucht, kein Gebet je gemacht.

Ich hätt nie erkannt, wie er Jesus mir gab,
der mein Kreuz hat getragen bis tief ins Grab.
Nun freue ich mich, hör sein Wort ohne Zagen,
die Berge sind Zeugnis, von ihm mir getragen.

So wähle noch heute: Wem dienst du, mein Freund?
Für mich und mein Haus ist die Antwort vereint:
Wir dienen dem Herrn, ihm gebührt unser Lied,
lobt ihn, von dem aller Segen uns sprießt.
Steve Sieting

(Dezember 4, 2010)
Referenz: Sprüche 16:9,
Psalmen 32:8 und Sprüche 3:5,6

Alles, was wir Kinder wissen mussten, sagten uns die Augen meiner Eltern. Am Esstisch bat mein Vater nie um etwas. Sein Blick genügte, und wir wussten genau, was er wollte, also reichten wir es ihm.

Sie waren mehr als ein Elternteil

Wir wussten genau, was sie sagen, und riefen doch an,
jeder Blick hatte Bedeutung, die man deuten kann.
Und nur der Himmel konnt helfen in mancher Not,
wenn du nach Hause kamst, gab es Spott oder Spott.
Die Zeiten sind vorbei, wir schwelgen im Licht,
von Erinnerungen, die trügen uns nicht.
Die Geschichten, sie wachsen mit jedem Blick,
und bringen ein Lachen – mal klein, mal zurück.
Oft schon erzählt, und doch nie zu alt,
doch ihre Lippen sind längst kalt.
Wenn sie von uns geh'n, sind wir tiefer betrübt,
denn sie waren Mama und Papa, von Herzen geliebt.
Es bleibt eine Lücke, die niemand füllt,
ein Schmerz, der bleibt, so lange man lebt.
Doch ihre Lehren und ihre Art
hab ich bewahrt und trag sie apart.
Viele Erinnerungen behalte ich nah,
doch manche verblassen im Lauf der Jahr'.
Eines nur bleibt, das vergeht niemals mehr:
die Liebe im Herzen – sie wohnt tief und schwer.
So dankbar bin ich für all ihre Zeit,
ihre Liebe zu spüren – sie bleibt mir geweiht.
Steve Sieting
(Dezember 5, 2010)

Das Gedicht „Tropfen" beschreibt das Gefühl, das entsteht, wenn das lebendige Wasser peu à peu versiegt und keine neue Quelle in Sicht ist. Lange Zeit hatte ich weder in der Bibel gelesen noch gebetet. Am Ende dieser Zeit fand ich nur trockene Knochen und eine leere, rissige Hülle. So drückte ich die Leere in meinem Geist aus, die einst einen mit Wasser gefüllten Behälter beherbergt hatte. Auch das Gedicht „Versiegelt" thematisiert diese Phase, es sollte ursprünglich Teil von „Tropfen" sein. Ich konnte die beiden Texte nicht verbinden. Während dieser zehn Jahre war ich depressiv. Die meisten Menschen ahnten nichts davon, denn ich beklage mich nicht. Ich gab stets mein Bestes, egal, was geschah, und lebte mein Leben konsequent, weil man mich so erzogen hatte.

Tropfen

T-r-o-p-f-e-n

T-r-o-p-f-e-n

T-r-o-p-f-e-n

Wasser wird fließen

Solange es eine Quelle und einen Ort hat, wo es hingeht.

T-r-o-p-f-e-n

T-r-o-p-f-e-n

T-r-o-p-f-e-n

Die Geschwindigkeit wird zunehmen.

Erosion tritt auf, die Quelle versiegt.

T-r-o-p-f-e-n

T-r-o-p-f-e-n

T-r-o-p-f-e-n

Die Quelle ist versiegt.

Wo sie geflossen ist, weiß niemand.

Steve Sieting

(Juli 16, 2011)

Versiegelt

Das Leben zermürbt, die Sünde zerreißt,
mein Glaube versiegt, was übrig, entgleist.
Ich bat nicht im Gebet, den Herrn anzufleh'n,
den Krug aus Ton mit seiner Hand zu verseh'n.

Ich hielt auch nicht inne, sein Wort zu lesen,
zu stillen den Durst, ihn tiefer zu Wesen.
Da rissen die Wände, der Lehm brach entzwei,
das Wasser verrann, ich war leer, einerlei.

Verloren, allein, so leer wie nur je,
so kehrt ich zurück zu der ewigen See.
Zu dem, der gestorben für mich einst am Kreuz,
der reinigte Herzen und alles erneut.

Er versiegelte mich, nahm die Sünde hinweg,
nun fließt eine Quelle, ein heiliger Steg.
Wo Tropfen nur waren, da strömt nun ein Fluss,
ein Leben in Fülle, geschenkt zum Genuss.

So reich ist die Quelle, sie quillt übervoll,
ich schütte sie aus, und er lenkt, wo sie soll.
Steve Sieting
(Juli 16, 2011)
Referenz: Jeremia 31:25

Wöchentlich besuchte unsere Familie die Kirche. Die Kirche war Veranstaltungsort für gesellschaftliche Ereignisse, zum Beispiel Bankette und Hochzeitsfeiern. Für diese Events nutzte man echtes Geschirr und Silberbesteck, sodass anschließend jemand abwaschen musste. Das sprach meinem Vater mehr zu als sich in Schale zu werfen und an einem gesellschaftlichen Anlass teilzunehmen. Seine Entscheidung, der Kirche in dieser Aufgabe zu dienen, verlangte automatisch die Unterstützung seiner vier Söhne, also auch meine.

Sobald sich die Gelegenheit bot, lugte ich um die Ecke, um zu sehen, was los war. Ich wollte unbedingt bei der Dinnerparty dabei sein. Ich war erst sechs Jahre alt und fragte nicht, warum ausgerechnet wir immer Küchendienst hatten, doch ich zog meine eigenen Schlüsse, weshalb wir nicht am Abendessen teilnehmen konnten. Ich glaubte, unsere Armut hinderte uns daran, den gemeindlichen Standards zu genügen. Diese Annahme prägte mich über viele Jahre. Beziehungen scheiterten, weil ich annahm, nicht dem zu entsprechen, was andere gewohnt waren. Dachte ich, dass die Familie eines Menschen wohlhabend war, traute ich mich nicht, diese Person um ein Date zu bitten. Mochte ich jemanden und diese Person mich ebenfalls, scheiterte die Beziehung rasch, weil ich sie nicht in Gang bringen konnte. Beziehungen scheiterten oft schon vor dem Start. Ich war überzeugt, nicht gut genug zu sein. Eine Beziehung hielt bis zur Highschool und darüber hinaus, doch es war eine von ihren Eltern geförderte Fernbeziehung. Sie mochten mich, unterstützten die Beziehung und behandelten mich, als wäre ich ihr Kind. Ich erkannte erst später, dass ich als Kind eine Mauer in meinem Kopf gebaut hatte, die bis zu meiner Zeit bei der Marine standhielt. Das Gedicht „Walls" thematisiert dieses frühe Erlebnis und die Annahme, die lange mein Leben bestimmte.

Ich wünschte, das wäre die einzige Mauer, die ich jemals errichtet habe. Weil ich alles in mich hineinfresse, toben in meinem Kopf manchmal epische Schlachten. Da ich meine Gefühle kaum teile, kennt niemand mein vergangenes und aktuelles Leid. So zu leben ist hart, und es ist ein Wunder, dass unsere Familie überlebt hat. Ich lerne allmählich, mich besser auszudrücken. Dennoch ringe ich damit, die Worte nach ihrem Verlassen meiner Lippen anzunehmen, denn sobald sie erklingen, lässt sich nichts mehr ungeschehen machen. Du musst dich ihnen und ihren Konsequenzen stellen.

Heute las ich in der Bibel, dass Gott uns alle zu seinem Hochzeitsmahl einlädt. Daraufhin dachte ich an die vielen Dinnerpartys, zu denen ich mich schon eingeladen wünschte. Nur wenige machen sich tatsächlich auf den Weg. Erkannte jeder Gast, welche Bedeutung diese Einladung für die ewige Zukunft besitzt, wäre alles anders. Wir laufen, ohne den Preis an der Ziellinie zu kennen.

In der Bibel finden sich Menschen, die für ihre Absage an das Festmahl scheinbar triftige Gründe angeben. Eine Ausrede ist nicht automatisch Sünde, doch wenn wir uns selbst rechtfertigen und es versäumen, uns dem Herrn anzuvertrauen, dann wird sie zur Sünde. Wir entschuldigen uns, gehen weiter und glauben, ihm entkommen zu sein, doch wir täuschen uns, weil wir unser Verhalten nicht bereuen. Oft habe ich das alte Sprichwort gehört, dass der Weg zur Hölle mit guten Vorsätzen gepflastert sei. Alle sind eingeladen. Jede Person entscheidet sich selbst für die Antwort auf diese Einladung. Referenz: Matthäus 22, 1–14

Mauern

Nichts gelöst, nichts gewonnen, nur Schmerz auf dem Weg,
ein Ort, wo man hingeht, ein Ort, der uns schlägt.
Ein jeder ist anders und dennoch so gleich,
ein Platz, wohin Flucht führt, die Schuld trifft zugleich.
Gefühle sind tief, und wir halten sie klein,
verborgen im Innern, wir lassen sie sein.
Gedanken verwirren, wir täuschen uns selbst,
rechtfertigen Fühlen, wie's niemandem gefällt.
Wir richten die andern für Worte im Wind,
für Botschaften, die nur Annahmen sind.
Die Gedanken sind viele, doch einsam allein,
sie scheinen uns richtig, doch tragen nichts heim.
So wächst eine Mauer, ob echt oder bloß,
sie bleibt eine Schranke, so hart und so groß.
Wie hoch sie auch steht, sie nimmt uns die Sicht,
sie hält uns zurück von dem, was uns bricht.
Um Mauern zu brechen, muss jeder sich fügen,
die Liebe erwählen, die stärker kann siegen.
Denn sicher ist: Mauern, sie fallen dahin,
wenn Sorge und Güte im Herzen drin sind.
Mit zarter Barmherzigkeit bricht jeder Stein,
und wenn du dich öffnest, wird Liebe nun sein.
Steve Sieting
(Juli 24, 2011)
Bezug Sprüche 18:1

Eine junge Person aus dem Kirchenchor sprach in Zungen, und die Botschaft begann mit den Worten: „Ich rufe immer noch." Ich spürte, dass die Botschaft mehrfach gehört werden müsse. In den kommenden Tagen will ich diese Worte niederschreiben.

Ich rufe immer noch

Ich rufe noch immer – hörst du mein Wort?
Kennst du die Stimme, sie trägt dich hinfort.
Ich habe Zeit für die, die an mich glauben,
Müde und beladen – komm ohne zu zaudern.

Ich rufe noch immer – verstehst du den Plan?
Er ist dir geschenkt, von Anfang an.
Mein Wort ist das Leben, den Sohn hab ich gegeben,
erkenne ihn als Herrn – er kam, um zu retten dein Leben.

Ich rufe noch immer – kennst du meinen Namen?
Jeder hat Sinn, ich bin eins in den Rahm'n.
Ich kenne dein Herz und erfülle dein Fleh'n,
vertraue nur mir – der Sieg ist gescheh'n.

Ich rufe noch immer – mein Friede ist Ruh',
setz deine Hoffnung auf mich und komm zu.
Den Glauben gab ich, such mich und erfind,
Gnade und Barmherzigkeit, göttlich und lind.

Ich rufe noch immer – ich wart auf die Braut,
ich komme, um sie zu holen, vertraut.
Mach dich bereit, zögre nicht mehr,
denn Stunde und Tag kennt keiner, oh Herr.

Wenn ich dann rufe, vergeht jedes Maß,
kein Mensch erkennt, wer Ich Bin – ohne Spaß.
Die Welt bleibt verlassen, zerstört und allein,
doch die Geretteten werden im Himmel daheim.
Steve Sieting
(August 29, 2011)
Referenz: Jeremia 29:11

Der Schrei meines Herzens lautet „Bedingungslose Geschenke", weil ich Christus ähnlicher werden will. Der Heilige Geist überführte mich in diesem Bereich meiner Unzulänglichkeiten und Sünden. Ich erkannte, dass Christus sich mir bedingungslos hingab, und verstand, dass ich handeln musste. Jesus gab sich mir freiwillig hin, noch bevor ich ihn liebte. Er gab mir alles, ohne etwas zurückzuhalten. Er erinnert sich nicht mehr an meine Sünden. Sein einziges Ziel war es, den himmlischen Vater zu verherrlichen. Darum will auch ich ihm nachfolgen. Deshalb will auch ich frei lieben, alles geben und vergeben, weil Jesus Christus das für mich getan hat.

Bedingungslose Geschenke

Durchforsche mein Herz nach den Gaben, die ich bring,
lass sie rein und frei sein, nicht gebunden im Ring.
Erlaube mir zu säen, dass Felder besteh'n,
der Ruhm soll nur dir und dir allein zugeh'n.

Mögen Gedanken, Gebete und Worte
freundlich und demütig sein an jedem Orte.
Die Schwachen aufrichten, den Strauchelnden helf'n,
den Zehnten geweiht, um den Segen zu stell'n.

Gehorsam gegeben, freudig empfangen,
nicht für Lohn, nicht aus eig'nem Verlangen.
In kindlichem Glauben will ich dein Ziel,
deinen Willen erkennen – das ist, was ich will.

Lass meine Gaben nicht nur dir reserviert,
sondern Grund von allem, was mich inspiriert.
Du gibst immer Liebe – ich folge dir nach,
nicht um bekannt zu sein, sondern in deiner Sach'.

Es zählt nicht, dass man meinen Namen versteht,
nur dass du mich kennst und nach Hause mitgehst.
Steve Sieting
(Oktober 9, 2011)
Bezug: Johannes 13:1-17

Während meiner Arbeit hörte ich im Radio die Sendung „Family Life" von Doktor Randy Carlson. Er thematisierte darin stets bewusstes Leben. Inspiriert von seinen Botschaften und ihrer Bedeutung für mich schrieb ich daraufhin dieses Gedicht. Schon lange vor dem Radiobeitrag war ich zu dieser Einsicht gelangt, doch er formulierte sie deutlich pointierter.

Bewusstes Leben

Bewusst zu leben, diszipliniert,
das Herz erneuert, vom Geist geführt.
Es heißt, Gewohnheiten still zu überwinden,
im Streit den Frieden des Herrn zu finden.

Es geht darum, Schritt für Schritt neu zu geh'n,
zu wachsen im Glauben, das sollst du seh'n.
Wähle das Rechte, was Christus ehrt,
ein Leben in ihm ist der Mühe wert.

Denn Überwindung ruft zum neuen Sein,
in Christus darfst du geborgen sein.
Wachstum und Weisheit enden nie,
schau auf den Herrn, er verlässt dich nie.

Denn Christus macht alles im Leben neu,
er ist mehr als ein Freund, er bleibt dir treu.
Lebe in allem allein für ihn,
dann wird sein Friede dein Herz durchzieh'n.

Perfekt wirst du nie in diesem Leben,
doch Frieden wird Christus dir täglich geben.
Denn du wählst weise, nicht alles zugleich,
sondern Schritt für Schritt – und wirst innerlich reich.
Steve Sieting
(14. Oktober 2011)
Quellenangabe: Römer 12:1-21, Titus 1:7

Ein neuer Tag

Die Dunkelheit flieht, das Licht nimmt Raum,
die Luft ist feucht, die Brise kaum.
Das stille Wasser steigt im Dunst,
die Fische springen, voll Lebenskunst.

Die Wolken strömen im Morgenblau,
so farbenfroh, so klar, so genau.
In Nestern regt sich unsichtbar Leben,
die Flügel erheben sich, kraftvoll zu streben.

Die Blätter der Bäume wenden sich sacht,
dem Strahl der Sonne, die neu erwacht.
Der Tau rinnt leise von ihnen herab –
ein neuer Tag hebt sich aus dem Schlaf.

Steve Sieting
(Oktober 16, 2011)

Mit meiner Zunge soll ich vorsichtig umgehen – daran erinnern mich die beiden Gedichte über Wörter. Nur weil es sich gut anfühlt, sich etwas von der Seele zu reden, ist es noch lange nicht richtig, insbesondere nicht, wenn es zur falschen Zeit geschieht.

Worte

Das Wort, gesprochen, zeigt des Willens Ziel,
es bahnt sich den Weg und zerstört oft zu viel.
Worte hallen nach, sie kehren zurück,
gespiegelt im Kopf – ein bleibendes Stück.

Wie lang sie bestehen, ist nicht an Zeit,
ob flüsternd gesagt oder laut im Streit.
Gesprochen bleibt gesprochen, nie mehr genommen,
drum hüte die Zunge – so bleibt Friede gewonnen.

Doch Worte zur rechten Zeit, voller Acht,
mit Liebe gesprochen und zärtlicher Macht,
sind Worte des Lebens, die niemand bereut,
sie bringen den Segen und machen erneut.

Drum höre schnell zu und sprich langsam nur,
wer sanftmütig lebt, hat des Lebens Spur.
Steve Sieting
(November 21, 2011)
Referenz: Epheser 4:29

Gestern

Das Gestern sahen viele, doch erlebten es kaum,
wir waren beschäftigt, verloren im Traum.
Wir achteten nur auf das, was wir gesät,
und übersahn Freude, die neben uns steht.
Die Menschen, die wir einst gekannt,
sie gingen vorüber, die Zeit verrannt.
Du folgst deinem Weg, ich dem meinen,
wir können das Leben, nicht Stunden vereinen.
Sekunden, Minuten, Stunden, ein Tag –
sie fliehen dahin, wie niemand vermag.
Wir haben zwar Zeit, doch sie hält keiner fest,
sie rinnt uns davon, wie Sand, der verlässt.
Sie rutscht, sie zerrinnt, die Zukunft erwacht,
der heutige Tag wird zum Gestern gemacht.
Ein Stapel von Tagen, vergangen, verweht,
ein Tag, der nicht wieder ins Leben geht.
Drum wenn du so fühlst wie ich es tu,
dann halte kurz an und sag: „Ich liebe nur du."
Es bedeutet so viel, wenn wir teilen und steh'n,
denn so wird gezeigt, dass wir uns versteh'n.
Steve Sieting
(November 23, 2011)

Eine Zeit, in der mein Geist nach Ruhe rief, steht im Mittelpunkt von „Ach, im Walde zu spazieren". Mit dem Schreiben des Buches begann ich und erkannte plötzlich, dass ich mich nach den Wäldern meiner Jugend sehnte, in die ich mich oft zurückzog. Es gefiel mir, wenn der Wind wehte und die Wolken am Himmel an mir vorbeizogen. Ich liebte es, zum Teich zu gehen und Frösche zu fangen. Eines Tages wollte ich Frösche töten und ihre Beine essen. Ich ging zum Teich und tötete mehrere Frösche. Ihre Beine häutete ich, legte sie in eine Schüssel mit Salzwasser und stellte die Schüssel unter das Bett meines Bruders. Meine Mutter fand sie, und mein Bruder erfuhr sofort davon. Was ich mir dabei dachte, als ich sie unter das Bett legte, weiß ich noch immer nicht. Heute lachen wir manchmal darüber. Vielleicht lag es an dieser „langsam Sache".

Ach, im Walde zu spazieren

Ein Geräusch, geprägt von einer illusorischen Brise, entsteht, wenn Bäume den Boden bedecken. Ein Klatschen ertönt, sobald der Korpus berührt wird, als wollten die Blätter gesehen und gehört werden. Sie flattern ohne Ziel, zerfetzen den Flug des Lichts und kühlen den Tag. Das Licht strömt hindurch, trifft stumm auf die Erde. Die Geschwindigkeit wirkt zerstreut, doch die gemächliche Gegenwart plaudert vor sich hin.

Niemals rastend, immer voranschreitend, schlendert er wortgewandt dahin. Der mit Gewalt gegrabene Bach bleibt auf seinem Weg. Er schiebt, zieht und fließt sanft, er tröpfelt, wo er wach ist. Das Herz sehnt sich nach seiner Stimme, seine Lyrik klingt unwirklich. Ein schräger Blick eröffnet eine nachdenkliche Perspektive und zeigt, dass das Leben verschiedene Sichtweisen bietet. Die Farben verschwimmen, während sie auf dem Wasser plätschern. Ich halte inne und betrachte die Person im Bach, dabei frage ich mich: Reflektiere ich oder projiziere ich? Welche Perspektiven biete ich?

Wolken treiben am Himmel, ich erkenne Figuren und Formen. Meine Fantasie kommt zur Ruhe, und ich fühle mich gesegnet angesichts des Wunders, das sich mir bietet. Ich hüpfe Steine, zähle jeden Sprung und will den vorherigen Wurf übertreffen. Das ist mein Werk für den Tag, denn auch er vergeht und ich sehne mich nach einem weiteren. Das Rufen reimt sich auf das Flüstern der Kiefern, die mit dem Gesang der Vögel wetteifern. Vorbei flattern die Flügel, und die Vögel sammeln eifrig, was sie finden. Sie erinnern mich daran, dass ich von Ort zu Ort ziehe und ständig fliegen muss. Trotzdem finde ich Ruhe.

Ach, im Walde zu spazieren.

(25. Dezember 2011)

Referenz: Matthäus 11:28-30

Die Versöhnung

Als man ihn auszog, voll Spott und mit Hohn,
da wollten sie Schmerzen, Verachtung zum Lohn.
Sie geißelten ihn, als wär' er der Schuld,
gepeitscht neununddreißig Mal – grausame Brut.
„Ein König braucht Krone!", so rief man im Spott,
sie krönten mit Dornen den Sohn unsres Gott.
Ein Kreuz ward ihm aufgelegt, Zeichen der Schmach,
blutig geschwächt, doch er trug es schwach.
Die Kräfte versiegten, er sank fast dahin,
ein andrer trug weiter das Kreuz nun für ihn.
Dort auf dem Hügel floss letztmals sein Blut,
Nägel durchdrangen sein Gliedmaß und Gut.
Das Atmen so schwer, doch er gab sein Best,
vergab seinen Feinden – vollbracht war das Werk.
Die Menge verstummte, die Kreuzigung nah,
sie stachen in seine Seite – die Tat war getan.
Die Erde erbebte, der Himmel erblich,
die Schöpfung verlor ihren Sohn für sich.
Der Vorhang im Tempel zerriss in zwei,
ein neuer Tag brach, das Ende war frei.
Sie dachten zurück an das Wort, das er sprach:
„In drei Tagen ersteh' ich neu, wach."
Das Grab ward versiegelt, Soldaten gestellt,
doch Gottes Plan hat die Nacht erhellt.
Zur Rettung der Menschheit wälzt er den Stein,
die Schuld ist gesühnt durch Opfer allein.
Christus, das Lamm, vollendet den Ruf,
er lebt, er erhebt, er vergibt in der Kluft.
So öffnet die Herzen, empfangt seine Gnad,
der auferstand'ne Herr führt euch auf seinen Pfad.
Steve Sieting
(28. Mai 2012)
Quellenangabe: Jesaja 53,1-12, 1. Petrus 2,24

Worte gebären Worte

Worte gebären stets neue Worte: „Er sprach", „Sie sprach",
sie nähren, sie ersticken – je nachdem, wie man's macht.
Sie setzen den Frieden frei, geben Farbe dem Sein,
oder bringen nur Gift, Streit und tödliches Pein.

Die Zunge hat Macht, sie bewegt unser Leben,
sie wirkt über Generationen – wird niemals vergebens.
Langsam zu sprechen ist weise und klar,
es rettet das Leben und macht Frieden wahr.
Steve Sieting
(29. Mai 2012)
Referenz: Psalm 141:3

„Spuren" zeigt, dass wir aus verschiedenen Umgebungen kommen, zu unterschiedlichen Zeiten starten und schließlich jemandem oder etwas folgen, das in unserem Leben Vorahnungen hinterlassen hat. Die Wahl der Spur und die Richtung sind nicht immer klar, das kann verwirren. Trotzdem müssen wir uns entscheiden, weil diese Wahl unser eigenes ewiges Schicksal und das der Menschen, die uns folgen, prägt. Politische Korrektheit dringt in viele Kirchen vor und verdeckt leicht die Bedeutung des einen wahren Gottes. Mit diesem Gedicht wollte ich sagen, dass ich der Bibel so glaube, wie sie geschrieben steht. Unter der Führung des Heiligen Geistes wollen wir mit Gott wandeln.

Spuren

Der Anfang, das Ende – es bleibt nur ein Blick,
was tun, wenn Wege sich kreuzen im Strick?
Folge ich dem Pfad, der Verlorenes trägt?
Komm ich je an, was wird mir auferlegt?
Wir wählen den Weg, um die Biegung zu sehn,
doch finden wir oft dieselben Spuren entgehn.
Die Abdrücke zeigen sich im Gras so klar,
kein Pfad ist geblieben, den nie jemand war.
Wir sind alle anders, doch gehen wir fort,
jeder nach eigenem, geheimem Ort.
Viele glauben: Am Ende führt jeder Gang
heimwärts zum Himmel – ein ewiger Drang.
Ich stimme dem zu, doch mit eigenem Wort,
mit Vorbehalt, der steht ganz allein an dem Ort.
Denn Christus, der Eckstein, der Retter so treu,
er allein macht das Herz wirklich neu.
Du kannst ihn kennen, viel Gutes tun,
auch beten, auch hoffen in stillem Ruh'n.
Doch kennt er dich nicht, bleibt wenig getan,
er spricht: „Ich hab dich nie gekannt, geh fort, mein Mann."
Sein Wort ist gewiss, er lässt keinen Zweifel,
ich will nicht nur kommen, ich will auch zum Heil.
So beug ich mich Christus, er reinigt die Schuld,
ich bin zweimal geboren – aus seiner Geduld.
Und alles geschieht nur aus seinem Erbarmen,
durch Christi Opfer darf ich mich erwarmen.
Steve Sieting
(5. Juni 2012)
Referenz: Josua 24:15

Die Freiheit von Abraham Lincoln

Unvollkommene Freiheit kann keine sein,
unvollkommen begann dieses Land einst, so klein.
Viele Jahre blieb es wild und unkontrolliert,
bis Lincoln erschien, der den Weg markiert.

Das Land zerbrach in Blau und Grau,
doch Lincoln war mutig, entschlossen, genau.
Er wollte ein einiges, freies Land,
die Ketten zerbrechen mit fester Hand.

Ein Unrecht zu heilen, das nie hätt' gesollt,
der Preis war das Leben von vielen – so hold.
Der Hass blieb bestehen trotz Sieg und Gewinn,
das Herz vieler Menschen fand keinen Sinn.

Doch Lincoln bot Gnade, um Wunden zu schließen,
die Narben des Krieges sollten verfließen.
Doch manchen erschien das als viel zu gering,
sie schworen Verrat – und das Schicksal gelang.

Sie nahmen dem Präsidenten das Leben fort,
in Hoffnung auf Zwietracht am eigenen Ort.
Doch Lincolns Idee von vereinter Macht,
hat Stärke bewiesen, von Anfang entfacht.

Die „Freiheit geeint" – sein Vermächtnis besteht,
sie macht Amerika stark, dass es weitergeht.
Steve Sieting
(27. Juni 2012)

In einer Ecke meines Spielzimmers steht der Stuhl, auf dem ich lese, bete und schreibe. Ein kleines Regal mit einer Lampe befindet sich darauf. Nach dem Lesen und Beten meditiere ich. Als ich so über die Liebe des Herrn meditierte, entstand in meinem Kopf das Gedicht „Wandteppich des Lebens".

Um uns von unseren Sünden zu erlösen, hat Christus sich für uns geopfert. Ich erkenne, dass er dies aus großer Liebe zu seiner Schöpfung getan hat. Durch sein Opfer hat er uns vom Tod losgekauft, damit wir in ihm neues Leben gewinnen. Das bildet das Fundament unseres christlichen Glaubens. Weil ich träume, reichte die visuelle Szene, die ich sah, über die irdische Zeit hinaus. Ich bin die erste Person, die zugibt, keine Bibelstelle zitieren zu können, die meinen Anspruch stützt, zu wissen, woraus der Zug Gottes besteht, der den Tempel füllt. Meine Absicht ist klar: Gott zeigte mir, dass seine Liebe ewig ist und mein Herz mit seiner Fülle berührt hat.

In Offenbarung 22,13 sagt Gott: „Ich bin das Alpha und das Omega, der Erste und der Letzte, der Anfang und das Ende." In 1. Johannes 4,8 heißt es, dass „Gott Liebe ist", was bedeutet, dass seine Liebe ewig ist. In meiner Vision hüllt er sich selbst in diese Liebe. Die Liebe seiner Kinder, die sich ihm in Hingabe und Gehorsam geopfert und als Christusnachfolger für ihn gelebt haben, zeigt sich wie ein Faden in seiner Schleppe, welcher den Tempel füllt. Er wird auf den Faden zeigen, der unser Leben repräsentiert, und uns zeigen, wie er uns durch das Leben geschoben und gezogen hat, damit wir in seine Herrlichkeit gelangen können. In seinem Schleier funkelten sehr helle Funken, und ich spürte, dass auch sie ihm wertvoll sind. Diese Funken symbolisieren die jungen und abgetriebenen Kinder, die keine Gelegenheit hatten, in den Stoff seines Zuges aufgenommen zu werden und deshalb starben.

Lass alles hinter dir, was dich bisher belastet hat, und erkenne die Fülle seiner Liebe. Welche Sünden du auch begangen hast, Vergebung ist möglich. Lege sie ihm zu Füßen und lass sie dort, damit sie nicht mehr gesehen wird.

Wandteppich des Lebens

Die Zeit ist ein Abgrund zwischen Himmel und Erd',
ihr Anfang, ihr Ende – kein Mensch sie erklärt.

Fäden in Farben, so bunt und so frei,
verweben ein Muster, im Gegensatz dabei.

Von Nahem erscheint es wirr und nur Last,
wer macht sich vom Leben der Menschen noch Rast?

Ereignisse stoßen, Katastrophen gescheh'n,
denn Regen fällt auf Gerechte wie Böse zugleich zu seh'n.

Und doch geben wir Gott die Schuld, was geschieht,
vergessen, dass er uns den Atem verlieh.

Kannst du glauben an des Lebens Band,
an die Hand, die den Faden hält, weise gespannt?

Von unten verwirrt wirkt das Gewebe der Zeit,
doch am Ende der Reise wird Klarheit bereit.

Dann zeigt sich der Faden im göttlichen Plan,
gehalten von Liebe, von Christus getan.

Der Wandteppich glänzt in herrlicher Pracht,
ein jeder Faden spiegelt des Sohnes Macht.

Sein Zug wird den Tempel erfüllen so sehr,
die Herrlichkeit Gottes leuchtet ringsumher.
Steve Sieting
(Juli 3, 2012)
Referenz: Jesaja 6:1

Ich beanspruche nicht, mehr zu wissen, doch ich habe beobachtet, dass Menschen nach Tod und Beerdigung eines geliebten Menschen oft verschwinden. Besonders deutlich wurde mir das, als ich den Tod meines Schwiegervaters und meiner Mutter erlebte. Mein Herz schlägt für meine Schwiegermutter und meinen Vater. Einsamkeit zählt für mich zu den härtesten Erfahrungen, und sie müssen sie täglich ertragen.

Das Vergehen meines Herzens

Mein Herz ist vergangen, die Muschel schlägt den Takt,

das Leben voll Warten, die Uhr weiter knackt.

Die Menschen sie trösten für Momente nur,

dann gehen sie fort – ach, wie fehlt mir die Spur.

Die Straßen voll Leben, doch keiner tritt ein,

die Tür bleibt verschlossen, ich bleib hier allein.

Das Haus, einst ein Heim, so warm und so licht,

ist nur noch ein Haus – die Liebe bleibt nicht.

Steve Sieting

(Juli 12, 2012)

Referenz: Prediger 3:1-8

Mitgefühl

Allen gegeben, doch wenige sehen,
dass wir beauftragt sind, in Liebe zu gehen.
Wir sind gerufen, zu hören, zu fühlen,
im Innersten lieben, die Wunden zu kühlen.

Auch wenn der Schmerz aus Sünde entstand,
geh hin, reich dem Nächsten die helfende Hand.
Es sollte nicht zählen, ob Pläne sich ändern,
doch sollen wir trösten, den Schwachen uns wenden.

Beug dich zum Kind, das nach Hilfe ruft,
tröste den Weinenden, gib ihm die Luft.
Wir sind nur Schafe, verirrt oft allein,
der Hirte ist Christus, er weist uns den Hain.

Nicht leicht ist der Weg, doch in seiner Gesinnung
liegt Kraft in der Liebe, Barmherzigkeit, Innung.
Er zahlte den Preis, aus Erbarmen so sehr,
hielt sich an den Baum, gab sein Leben leer.

Die Leidenschaft seines Herzens war dies:
Gefangene frei zu machen gewiss.
Drum folg nicht dem eigensinnigen Mann,
sondern Christus allein – dem himmlischen Plan.
Steve Sieting
(Juli 27, 2012)
Referenz: Kolosser 3 1-17

Ausreden lähmen wie jede Krankheit, das habe ich erkannt. Deshalb versuche ich, sie zu vermeiden. Ehrlichkeit, Selbstverurteilung und das Gebet um Hilfe von Gott bilden einen wichtigen Schritt zur Überwindung. Sobald du dein Entschlossenheit zeigst, offenbart sich Gott auf mächtige Weise.

Überwindung

Norden, Süden, Osten und Westen dienen nur zur Orientierung und sind keine Richtungen.

Es ist nicht wichtig, woher du kommst, sondern nur, wohin du gehst.

Wenn die Einstellung unsere Höhe bestimmt, wer ist dann schuld daran?

Jede Ausrede, die du vorbringst, macht dich nur lahm.

Im Leben geht es darum, zu überwinden und jeden Tag kleine Siege zu erringen. Erfreue dich an den einfachen Dingen und an denen, die du auf deinem Weg triffst.

Steh also auf, wenn du stolperst. Versuche es weiter, wenn du scheiterst.

Wenn du dich nicht überwinden kannst, wirst du niemals siegen.

Steve Sieting

(August 25, 2012)

Referenz: Jakobus 1:12

Aus eigener Erfahrung kenne ich das Gefühl, der Liebe Gottes nicht würdig zu sein. Ich kenne das Gefühl, völlig allein und verlassen zu sein und zu meinen, Gott liebe mich nicht mehr. Sünde stellt uns Menschen vor eine echte Herausforderung. Sie war so gewaltig, dass Gott bereit war, seinen Sohn ans Kreuz zu geben, damit er unseren Platz im Tod übernimmt. So können wir in Christus durch seine erlösende Gnade zu neuer Geburt auferstehen.

Meiner Meinung nach weisen die Sünde und die Amyotrophe Lateralsklerose viele Gemeinsamkeiten auf, besonders darin, wie sie den Körper beeinträchtigen. Bei der Amyotrophen Lateralsklerose sterben die motorischen Nervenzellen im Gehirn und im Rückenmark ab, wodurch Muskelschwäche entsteht. Irgendwann betrifft die Krankheit jede willkürliche Bewegung. Zudem verursacht die Krankheit Atem- und Sprachprobleme und kann Demenz auslösen.

Ähnlich verhält es sich mit der Sünde. Wir verlieren die Fähigkeit, für das Richtige einzutreten. Unser geistliches Rückgrat ist nicht mehr stark genug, um das Richtige vor dem Herrn und oft auch vor anderen Gläubigen zu vertreten. Angst vor menschlichem Urteil raubt uns die Fähigkeit zur Entspannung und kann sogar den Atem stocken lassen. Diese Unterbrechung ist eine Leere. Diese Leere schmerzt nicht physisch, doch sie erzeugt eine Störung im Geist, die sich nicht ausdrücken kann, und so ziehen wir uns von anderen zurück. Geistliche Demenz greift um sich, weil wir vergessen, wer wir in Christus sind. Wird diese Trennung nicht durch Umkehr behoben, schwindet das Licht aus dem Geist, bis nur noch Dunkelheit bleibt, der geistliche Tod.

Sünde

Die Sünde ist Plan des gefallenen Feinds,
er will, dass du handelst, als wärst du keins.
Zwei Freunde von ihm sind Stolz und Neid,
er wirkt so gerissen, er hält sich nicht weit.

Er spielt das eine gegen das andre aus,
spinnt Netze der Täuschung in jedes Haus.
Er tut alles nur, um die Seele zu fangen,
mit Gaben, die blenden und kurz nur verlangen.

Sie glänzen im Auge, doch halten nicht lang,
denn alles ist Lüge, Betrug und Zwang.
Mit List und mit Fallen versucht er zu locken,
stellt sie dir auf, um dich tief zu schocken.

Doch deine Entscheidung bleibt stets dein Teil,
du kannst nicht schieben auf ihn die Schuld, nicht einmal.
Mit Kraft des Geistes, so stark und rein,
kannst du überwinden die Sünde allein.

Steve Sieting
(August 25, 2012)
Referenz: Römer 6:23

Ein kleines Stück meines Marinelebens kommt in mir zum Vorschein, wenn ich an „Zwei ausgestreckte Arme" denke. Ich liebe das Wort Erforsche. Diese Maßeinheit für Tiefe orientiert sich an der durchschnittlichen Spannweite eines erwachsenen Menschen, die etwa sechs Fuß beträgt. Ich liebe auch die dazugehörige Messmethode, bei der man in das Unbekannte vordringt, um Wissen und einen Standort zu finden. Wenn ich mir vorstelle, dass Christus für mich am Kreuz hängt, höre ich, wie er zu mir sagt: „Erforsche."

Zwei ausgestreckte Arme

Zwei ausgestreckte Arme wirken so klein,
doch in der Mitte liegt mehr, als es scheint zu sein.
Für Liebe, die wartet, so offen, so rein,
für einen Fischer mit Geschichten ganz fein.
Für Paare bedeuten sie zärtliche Macht,
für Kinder: „Wir lieben dich – mehr als gedacht."
Für Gott war es, seinen Sohn herzugeben,
am Kreuz für die Welt, um Verlorene zu heben.
Zwei ausgestreckte Arme – sie zeigen zugleich
die Tiefe, die Liebe, den Vater im Reich.
Um Liebe und Tiefe genau zu ermessen,
summiert man die Klafter – und darf nicht vergessen:
Wer auf Christus schaut, erkennt, wie er ist,
der Unergründliche, der ewiglich Christ.
Steve Sieting (
25. August 2012)
Referenz: 1. Korinther 8,6

Die Peilung

Bei langen Patrouillen meines U-Boots unter Wasser dokumentierte der Quartiermeister der Wache unseren Kurs sowie unsere Geschwindigkeit in den Seekarten der betreffenden Region. Diese Karten zeigen das Relief des Meeresbodens gemäß den jüngsten Erkenntnissen. Um die aktuelle Tiefe mit der auf der Karte angegebenen Tiefe zu vergleichen, bat die Quartiermeisterin oder der Quartiermeister in unregelmäßigen Abständen im Kontrollraum den verantwortlichen Offizier um eine Peilung. Nach der Genehmigung sendete die wachhabende Person einen schmalen Impulsstrahl zum Meeresboden und wartete, bis das Echo zurückkehrte, damit der Empfänger es erfassen konnte. Anschließend zeigte der Empfänger die Meerestiefe unter dem U-Boot an, und der Quartiermeister verglich sie mit der Seekarte, um unsere Position zu überprüfen. Wich die ermittelte Position von der erwarteten ab, empfingen wir, sobald wir Periskoptiefe erreicht hatten, ein Satellitensignal und korrigierten die Position auf der Karte.

Während ich betete und meditierte, erinnerte ich mich an meine Zeit bei der Marine. Wir sollten Energie in Form von Gebeten investieren, damit wir Gottes Willen für unser Leben erfahren. Nicht nur ein „Jetzt lege ich mich schlafen"-Gebet. Wir brauchen Gebete, die in die Tiefen unseres Herrn vordringen, damit wir erkennen, wo wir in seinem Licht und seiner Gnade stehen. Beachte, dass diese Energie kurz andauert und pulsartig verströmt. Die verbleibende Zeit ist Warten auf seine Rückkehr, um Führung zu erhalten. Diese Wartezeit dauert länger, sie vollzieht sich in Stille und mit wenig Bewegung. Beim Gebet verhält es sich mit den Sende- und Empfangszeiten nicht anders. Beide Phasen können nicht gleichzeitig ablaufen, denn ein Schalter muss umgelegt werden, um von einer Operation zur anderen zu wechseln.

Weil der Impuls eine Sendezeit hat, gibt es eine Zeitspanne, in der du ein Objekt in geringer Entfernung nicht sehen kannst, da das Echo nicht rechtzeitig zur Oberfläche zurückkehrt. Mit anderen Worten: In seichtem Wasser versagt diese Peilmethode, weil der Abstand zu klein ist. Während ich darüber nachdachte, erkannte ich, dass Jesus mir dort begegnete, wo ich mich geistig befand. Ich stand am Ufer, der Sand lag zwischen meinen Zehen. Sobald wir gerettet sind, erwartet Gott von uns, dass wir wachsen, Menschenfischer werden und in die geistliche Tiefe hinausfahren, um mehr von ihm zu lernen.

Wie viele andere blieb ich zu lange am Strand oder ging nur bis zu den Knien ins Wasser. Ich wunderte mich, dass Gott meine Gebete nicht erhörte. Gnade wächst durch Gehorsam, und Gott gefällt es, wenn wir gehorsam sind. Das gelingt nicht, wenn wir dort verharren, wo er uns fand.

Ich ermutige dich: Nimm durch eindringliche Gebete eine Sondierung vor und handle danach. Das Gedicht „Rückkehr" behandelt genau dieses Thema. Der Heilige Geist half mir, innere Blockaden und Unwissenheit zu überwinden. Er hat mich berufen, geistliche Tiefenprobleme zu überwinden, indem er mich auf die Reise geschickt hat, dieses Buch zu schreiben. Ich handle darin aus Gehorsam gegenüber seiner Weisung.

Vielleicht befindest du dich in unbekannten Gewässern und stößt auf Unterwasserberge. Besser ist es jedoch, die Unterwasserberge durch Sondierung zu entdecken, als ohne Vorwarnung auf einen Berg zu stoßen. Hören lässt den Glauben wachsen, und Suchen macht das Ausloten möglich.

Antworten

Antworten entstehen aus aufgewendeter Kraft,
wie Echos, die kehren zur Quelle mit Macht.
Man lotet die Tiefe des Meeres aus,
doch meine Gebete – sie finden nach Haus.

In mir selbst liegt die Tiefe, von Christus erhellt,
wenn er in die Nähe des Herzens sich stellt.
Im Spiegel des Glaubens erscheint klarer Schein,
die Offenbarung in Liebe, nicht Pein.

Es zählt ihm nicht, woher du bist gekommen,
nur wohin dein Herz seinen Weg hat genommen.
So bete, dass Tiefe und Richtung sich zeigen,
die Antwort wird Liebe und Zuneigung neigen.

Steve Sieting
(August 28, 2012)

Aufruf

Kommt alle zu mir, die ihr müde seid,
die Lasten getragen, geplagt von Leid.
Ich will euch Ruhe und Frieden geben,
den Grundstein der Liebe für euer Leben.

In Freiheit sollt ihr mein Wort verstehen,
in Fülle und Wahrheit den Weg auch gehen.
In allem, was du tust, denk an mich,
verzage nicht, suche beständig mich.

Die Gnade ist dir von mir bereit,
so übe sie weiter in Barmherzigkeit.
Steve Sieting
(August 29, 2012)

Sehr Wenige

Folgt mir, wie ich Christus folg,
wer ruft heut aus, wer trägt sein Volk?
Wir alle sind berufen, zu reden,
doch wer wird sagen: „Prüft mein Leben"?

Nur wenige wagen solch ein Wort,
nur wenige treten damit hervor.
Wer traut sich, diesen Weg zu geh'n?
Nur wenige bekennen: „Christus ist zu seh'n."

So wenige – welch eine Schand,
dass kaum sein Name wird genannt.
Steve Sieting
(August 29, 2012)

In dem Gedicht „Depression" thematisiere ich meine Depression. Das Gefühl, weder berührt noch gehört zu werden, ist schlimmer als Isolation, denn selbst wenn andere dich sehen, wirkt alles gleichgültig. Dieses Gefühl vergleiche ich mit einem Raum, der von Wasser umgeben in der Luft schwebt, oder mit einer Schneekugel, die nur Aufmerksamkeit erhält, wenn jemand sie schüttelt.

Depression

Negativer Auftrieb, die Strömung ist leer,
wend' ich mich nach innen, bleibt die Hülle schwer.
Berührungen fühlen nichts, Lächeln kein Gesicht,
Geräusche sind gedämpft, egal wo – sie bricht.

Vertrauen verschwindet, spurlos, so fern,
wer hört meiner Leere, wer hört mir gern?
Die Augen im Spiegel, so dunkel, so kühn,
sie sagen mir leise: „Es ist scheiße, du zu sein."

Die Stille ist laut, sie packt mich fest,
ein Griff, der mich würgt, mich nicht mehr lässt.
Doch Stille ermüdet mich weniger sehr,
so rutsche ich leise ins Nichts daher.

Das Leben wirkt wie ein Steinbruch, so klein,
ein Kiesgrund voll Tiefe, ich sinke hinein.
Und mitten im Menschengewühl ringsum,
bin ich doch einsam, verzweifelt, stumm.
Steve Sieting
(August 31, 2012)

Sobald du beim Zelten vom Feuer weg ins Halbdunkel trittst, spürst du, wie es sich anfühlt, am Rand von Licht und Dunkelheit zu stehen. Als Kind spürst du die zunehmende Feuchtigkeit der Nacht, stehst am Rand des Lichts und fragst dich, was sich in der Dunkelheit verbirgt. Jenseits der Helligkeit wartet das Unbekannte und mit ihm die Angst.

Jenseits des Lichts

Die Gegenwart des Lichts hält Dunkelheit in Schach,
sie beugt sich dem Lichte, verirrt sich nicht schwach.
Die Finsternis kennt ihre Grenzen genau,
sie weiß, wo sie lagert, bedrückend, grau.

Im Außen fehlt Wärme, sie wirkt feucht und kalt,
doch naht sie dem Licht, wenn es schwächer schon strahlt.
Erlischt es, verschlingt sie das Ganze sodann,
und nichts ist zu sehen, kein Weg, der noch kann.

Die Natur bezeugt die Gegensätze klar,
denen wir Menschen stets ausgesetzt war'n.
Drum wähle das Licht Christi, folg seiner Spur,
in Gnade zu leben, bringt Frieden nur.
Steve Sieting
(September 9, 2012)
Quellenangabe: Psalm 1:2, Psalm 119:15

Gebetvolle Meditation

Wenn ich über deine
Worte und Taten nachdenke,
lass sie mich ergreifen, lass sie
Samen sein. Bereite mein
Herz vor, damit ich empfangen kann
All die Segnungen, die du für mich hast.
Steve Sieting
(September 9, 2012)
Referenz: Psalm 1:2, Psalm 119:15

„Popcorn-Gedanken" habe ich. Bevor ich ihn aufschreiben kann, ist der Gedanke oft schon wieder verschwunden. Dieses Problem begleitet mich seit jeher, und ich bin sicher, dass es sich mit zunehmendem Alter nicht bessern wird.

Flüchtige Worte

Flüchtige Worte bilden einen schmalen Strahl.

Sie erhellen den Geist, während sie schnell fließen.

Sie verschwinden spurlos und sind weit weg.

Dem Stift entkommen, werden sie sich nie bewegen.

Steve Sieting

(11. September 2012)

Viele innere Kämpfe führe ich, weil ich von Natur aus ein böses Herz habe. Einst hätte ich das nie zugegeben, denn ich fürchtete das Urteil von Kirchenleuten und anderen. Inzwischen bin ich jedoch zu dem Schluss gekommen, dass mein Herr mich liebt und mich herausruft, damit andere die Hilfe erhalten, die sie brauchen, um die Kriege in ihren Köpfen zu gewinnen. Du bist nicht allein.

Furchtbarer Feind

Es steht ein mächtiger Feind vor mir,
sein Schatten fällt schwer, doch er weicht nicht von hier.
Er kennt meine Schwächen, er weiß, was ich bin,
kennt all meine Wege, kennt jede Sünd' hin.

Er flüstert sie immer und immer zurück,
sein Herz ist voll Bosheit, von Anfang ein Stück.
Doch glaub ich gewiss: Ich kann ihn bezwingen,
auch wenn seine Netze mich weiter umschlingen.

Der Feind kennt den Weg, den ich morgen geh,
doch weiß ich, dass ich ihm standhaft steh.
Denn Schatten wirft er – doch einer ist mein:
der Feind, den ich siege, bin ich allein.

Mein Fleisch ist schwach, doch der Geist ist stark,
in Christus hab ich den rechten Park.
In ihm ist der Sieg, in ihm bin ich frei,
zu Christus gehör ich in Ewigkeit treu.
Steve Sieting
(September 18, 2012)
Referenz: Matthäus 26:41

Der Heilige Geist begann kurz nach unserem Kirchenbesuch in Georgia durch wiederkehrende Träume an mir zu arbeiten und überführte mich meiner Sünden. Ich fühlte mich von Gott geführt, zur Marine zu gehen, doch ich hatte mein Leben nie wirklich in seine Hände gelegt. Seinen Segen zu haben wünschte ich mir, doch ich wollte nicht bleiben wie zuvor. Durch seine Überzeugung erfuhr ich, dass er alles von mir wollte. Der Traum beschämte mich, deshalb schwieg ich. Erst nach meiner Errettung verstand ich den Traum.

In meiner Traumvision stand ich nackt in der Öffentlichkeit, doch niemand störte sich daran. In der Gemüseabteilung eines Supermarkts kaufte ich Lebensmittel, und niemand störte sich daran, dass ich nackt war. Alles veränderte sich, als ich den Prediger in die Gemüseabteilung treten sah. Da er den Heiligen Geist vertrat, wurde meine Nacktheit plötzlich brennend wichtig. Ich schämte mich. Ich sah mich vor ihm und versuchte, mich zu verstecken. Er wollte auf mich zugehen, ich floh jedoch vor Scham. Nach meiner Errettung offenbarte mir der Herr, dass der Heilige Geist uns alle so sieht, wie wir sind. Wir können uns ihm nicht entziehen. Die Welt umarmt dich mit Vergleichen, doch Gott rechtfertigt durch seinen Heiligen Geist.

Am Tag meiner Errettung saß ich mit einer schweren Überzeugung in der Kirchenbank. Ich schrumpfte in der Kirchenbank immer tiefer. Schließlich gab ich nach. Aufzustehen und den Mittelgang entlangzugehen, fiel mir schwer. Meine Last war so schwer, dass meine Schritte winzig blieben und ich nicht aufrecht stehen konnte. Als ich mich vor dem Altar auf die Knie ließ, fiel die Last der Welt von meinen Schultern. Ich weinte wie ein Baby, als er mir meine Sünden vergab.

Ich Gläubiger

Ich Gläubiger, erhebe mein Ziel,
mein Vertrauen in Jesu Namen so viel.
Er sprach zu mir, zeigte die Schuld offenbar,
die Sünde, die stets in meinem Herzen war.

Nichts konnt' ich verbergen, ich stand vor ihm bloß,
da lehrte er Golgatha, heilig und groß.
Er zeigte, wie Sünde gefangen mich hielt,
wie Ketten der Schuld mein Leben umspielt.

Doch als ich das Licht sah, erkannt' ich den Trug,
wie sehr ich betrogen – von Anfang genug.
Doch alles ward neu, sobald ich vertraut,
mein Herz ihm gegeben, auf Christus gebaut.

Befreit von der Sünde, von Angst und dem Leid,
nahm er mich auf in sein ewiges Reich.
Steve Sieting
(18. September 2012)
Referenz: 1. Petrus 3:18

Nur eine Konstante

Die Welt dreht sich stetig um ihre Bahn,
doch niemals kommt sie am selben Ort an.
Die Gezeiten steigen, die Wellen sie geh'n,
am Ufer des Meeres kann man es seh'n.

Vom Berg rinnt das Wasser, zermalmt ihn zu Sand,
das Leben entspringt und fällt in das Land.
Es kehrt stets zurück, um die Erde zu näh'rn,
beginnt einen Kreislauf, den alle erklär'n.

Die Winde sie drehen, verweh'n in der Luft,
verwandeln sich wieder zu Brise und Duft.
Die Welt ist im Fluss, stets wandelbar, neu,
ein Wechsel, ein Strom, doch nichts bleibt dabei.

Nur eine Konstante war immer besteh'n,
sie wird es für ewig und immer gescheh'n.
Ich kenne ihn, den Herrn, der mein Leben hält,
mein Schicksal geborgen – in seiner Welt.
Steve Sieting
(September 18, 2012)

Rache

Wenn ich zu Unrecht behandelt werde, gib mir die
Kraft, meinen Platz zu halten.
Gnade und Rache können nicht zusammen wohnen.
So ist die Rache dein, und in deiner
Gnade will ich wohnen.
Steve Sieting
(September 24, 2012)
Bezug: Römer 12:19

Das Gleichnis von den Talenten führt mir diesen Gedanken vor Augen. Gnade kannst du dir nicht verdienen, doch du kannst für das, was du hast, dankbar sein, indem du es vermehrst, damit Gott geehrt wird. Wer seine Talente hortet oder versteckt, sündigt. Wer viel empfangen hat, von dem wird viel erwartet. Durch seine Jünger will Gott einer gefallenen Welt begegnen. Talente, die zu seiner Ehre eingesetzt werden, lassen sein Licht leuchten und verbreiten das Evangelium. Es heißt, wir sollen unser eigenes Kreuz auf uns nehmen und unserem Herrn folgen.

Glaube und Werke

Eine Kerze ohne Docht wirft nur Schatten schwer,
und eine Lampe ohne Öl erhellt nichts mehr.
Ein Baum ohne Früchte verdorrt ohne Sinn,
ein vergrabenes Talent bringt keinen Gewinn.

Bewegung ohne Schwung führt nirgends hin,
und Schwung ohne Ziel verliert seinen Sinn.
Ein Glaube allein bleibt nur zwischen den Ohren,
und Werke allein sind im Stolz verloren.

Doch Glaube und Werke, vereint in der Pflicht,
sind Funktion und Entwurf im himmlischen Licht.
Wenn beides zusammen im Leben erblüht,
ist's Gott, der es wachsen lässt, Gott, der es tut.

Dann werden es viele mit Freude seh'n,
und an göttlicher Quelle zum Leben geh'n.
Steve Sieting
(30. September 2012)
Quellenangaben: Jakobus 2:14-26, Matthäus 7:21

Böses Herz

Wir sind böse im Herzen und haben egoistische Begierden. Wir haben so viel Verlangen und so wenig Vertrauen.

Überwinde diese Welt, die ich als mich sehe.

Gewähre mir, oh Herr, deinen Frieden und deine Gelassenheit.

Steve Sieting

(3. Oktober 2012)

Referenz: Jeremia 17:9

Nach dem Gebet machte mir der Heilige Geist während einer Meditationszeit deutlich, dass mein Glaube ans Empfangen von Gott gering blieb. Meine Vergangenheit behinderte meine Gebete, weil ich mich unwürdig fühlte. Sanft erinnerte er mich an meine Heilung von Sarkoidose und an meinen wieder normalen Herzschlag. Der Glaube ist einzigartig und respektiert niemanden. Er ist dein einfaches Vertrauen in den großen Ich bin.

Glaube mit gegensätzlichen Ansichten

Mein Glaube hat zwei Gesichter, gegensätzlich und klar,
das eine für andere – dort fühl ich mich wahr.
Ich bete für sie, dass ihr Bitten gescheh',
ich rufe sie namentlich, dass Segen entsteh'.

Im Glauben für andre bin ich ganz gewiss,
sein Wort wird verkündet, und nichts geht vermiss.

Doch mein Glaube an mich ist ein Gesicht voller Zweifel,
ein kleiner, der kämpft, sucht Worte als Pfeile.
Die Vergangenheit steigt, meine Gedanken verirren,
ich fühl mich so unwürdig, darf kaum zu ihm schirren.

„Oh ihr Kleingläubigen" – sein Wort klingt herein,
„Ich liebe dich ewig, du bist einer von meinen.
Lass mich deinem Unglauben helfen, dich lösen von Stress,
ich bin der Herr, dein Gott – komm und ruh dich bei mir aus, hier ist
dein Platz."
Steve Sieting
(11. Oktober 2012)

Ich hatte Kontakt mit einer Person, die nur nimmt und nie gibt, und das ist mein Geständnis. Das kostet Kraft. Dieses Gefühl stellte sich ein, nachdem ich über lange Zeit mit dieser Person zusammengearbeitet hatte. Ich behaupte nicht, dass es das richtige Gefühl ist. Dies ist mein ehrliches Geständnis. Eine solche Person im Leben zu haben, kann überwältigend sein.

Nichts

Nichts ist gesät.

Nichts wächst.

Nichts erntet.

Nichts zeigt sich.

Nichts indet.

Nichts bleibt.

Nichts wird vermisst.

Steve Sieting

(Oktober 15, 2012)

Zwei Fenster zierten das Zimmer, in dem ich aufwuchs. Eines zeigte nach Osten und bot den Blick auf unseren Hinterhof sowie das Feld der Bäuerin, das an unseren Hof grenzte. Wo einst der Apfelbaum stand und der Sandkasten lag, in dem ich als Kind oft spielte, breitete sich nun Gras aus. Durch das Fenster im Norden sah ich den Wald, in dem ich während meiner Jugend viel Zeit verbrachte. Heute stehen dort nur noch eine schmale Baumreihe und, auf der anderen Seite, ein Rad- und Wanderweg, der parallel zur Autobahn M6 verläuft. Alles andere sieht noch so aus wie damals, als ich zur Marine ging.

Mein Zimmer

Das Zimmer zeigt Not, die Möbel allein,
nur wenige betreten den Raum, der einst mein.
So oft ich zurückkehr, setz ich mich aufs Bett,
alles bleibt wie früher, selbst das Kopfkissen nett.

Hier hat meine Jugend begonnen, geendet,
die guten Erinnerungen – ich hab sie vollendet.
Schau ich aus dem Fenster, ist's wie einst zuvor,
die gleiche Aussicht, das gleiche Tor.

Ich höre noch Stimmen von Spielen voll Klang,
die Wände erinnern, sie hallen so lang.
Die Sachen sind fort, doch ich suche noch mehr,
ich schaue nur, schaue – mein Herz forscht so sehr.

Die Gefühle sind weicher, vom Alter gedeckt,
das Leben hat längst ein Kapitel geweckt.
Doch wenn ich den Raum nun verlasse, die Tür,
weiß ich, dass ich wiederkehr – irgendwann hier.
Steve Sieting
(Oktober 22, 2012)

Ich untersuche in dem Gedicht „Bedingter Mensch" die Stationen meines Lebens und mein Herz. In einem privaten Moment hält mir der Heilige Geist einen Spiegel vor, zwingt mich, meine Vergangenheit und meine Gegenwart anzusehen. Unvollkommen, werde ich doch vollkommen geliebt.

Bedingter Mensch

Der Mensch bringt Gebete – doch stets konditioniert,
er sucht nach den Zeichen, die er selbst inszeniert.
Wir leben ein Leben, von Bedingungen schwer,
sitzen sinnend da, und doch wollen wir mehr.

Wir geben bedingt unsere Liebe, den Zehnt,
bedingte Wahrheiten – Lügen, die man kennt.
Wir wollen, was wir wollen, und selten zur Zeit,
„Nicht dein Wille, Herr – mit meinem bin ich bereit."

Der Mensch spricht Gericht, um sich selbst zu schonen,
vergisst Gottes Wort, lässt es staubig wohnen.
Die Regierungen walten, die Kirche bleibt stumm,
man denkt, man sei selig – doch bleibt alles krumm.

Das Wissen wächst weiter, der Mensch bleibt gleich,
„Leben für sich selbst" ist das Spiel so reich.
Nur eine Hoffnung, die ewig besteht:
Gottes Sohn, Jesus Christus, der für uns geht.

Mit Liebe bedingungslos, rein und vollbracht,
hat er unser Opfer bezahlt in der Nacht.
Steve Sieting
(29. Oktober 2012)

Wir benötigen Momente der Stille, damit wir unserem Erlöser begegnen und eine Beziehung zu ihm aufbauen können. Das Wichtigste in meinem Leben war, nachdem ich mein Herz dem Herrn anvertraut hatte, dass ich mir Zeit in der Stille nehme, fern von meinen Sorgen. Ich verbringe Zeit mit ihm, um seine Gegenwart zu spüren und seine Stimme zu hören. Es ehrt ihn, wenn ich seine Gegenwart suche und erkenne, dass ich ihn brauche. Viele verpassen diese Ehre, weil sie zu beschäftigt sind. Auch ich war lange zu beschäftigt und verschwendete dadurch wertvolle Zeit. Heute lebt in mir tiefer Frieden, denn er tröstet meine Seele.

Setz ab

Wenn ich mich zurückziehe, um mich abzusetzen,

ist der Frieden ruhig.

Wenn ich an meinen Erlöser denke,

flüstert er, wenn ich still bin.

Steve Sieting

(Oktober 30, 2012)

Referenz: Matthäus 6:6

Als Marinesoldat lernte ich während meiner Zeit die Schönheit des Meeres und seine gewaltige Kraft kennen. Seine Oberfläche wirkt manchmal friedlich, doch dieser Eindruck trügt. „Mit jedem Meter, den die Wassertiefe abnimmt, steigt der Druck um vierundvierzig Pfund pro Quadratzoll." Wellen können Schiffe ohne Mühe versenken, deshalb verdient ihre Kraft uneingeschränkten Respekt.

Das Meer

Die reißenden Ströme fordern ohne Erlaubnis,
während sie eine Ebbe und Flut anzeigen.

Der impulsive Zwang nimmt zu,
und sie verdunkelt sich,
während sie in die Tiefe sinkt.

Oben aufsteigend erwirbt sie Gräber der Tiefe,
und sie mag still laufen, aber sie schläft nie.

Vielschichtig in ihrem Wesen und vielfältig in ihrer Art,
zolle ihr Respekt, denn sie ist immer eine Dame.
Steve Sieting
(November 1, 2012)

Ein kritisches Herz haben ist leicht, denn wir glauben, unter gleichen Umständen alles besser zu machen. Dieser Aspekt des Urteilens wird meist übersehen, außer wenn man selbst betroffen ist. Am schwierigsten ist es jedoch, damit aufzuhören, weil wir von Natur aus vergleichen.

Kritisches Herz

Ehrlich und unverblümt,
eine Stellungnahme zu dem,
was sie wahrgenommen haben.

Als Tatsache formuliert,
ist die Zunge losgelöst, ohne darauf zu achten,
wie sie aufgenommen wird.

Ihr Stolz ist ungebrochen, wenn sie ihre
Weisheit weitergeben und darauf vertrauen,
dass du zur Vernunft kommst.

Aber die Wahrheit ist, dass ihre
Worte kalt sind,und die einzig wahre
Offenbarung ist die ihres kritischen Wesens.
Steve Sieting
(10. Dezember 2012)
Referenz: Römer 12:3

Ich habe in meinem Leben schon einige Male Depressionen erlebt. Niemand weiß, dass du leidest, und du kannst keinen Laut von dir geben. Alle scheinen so glücklich zu sein, und der Druck, der auf dir lastet, umgibt dein ganzes Wesen.

Meine Depression

Isoliert und allein rechtfertigt sich das Herz.

Der Schrei ist am leisesten in seiner Ohnmacht, Sehnsucht nach mehr, Wunsch nach Flucht.

Silben bilden keine Worte. Die Leere der Stille ist ohrenbetäubend.

Die Einladungen sind zu schwer, um sie zu ertragen.

Konzentrierter Druck umgibt uns.

Die Welt zieht vorbei, ohne sich um sie zu kümmern.

Steve Sieting

(Dezember 20, 2012)

Ich habe jeden dieser Titel getragen und bin immer zu demselben Schluss gekommen. Gott hat mich immer noch geliebt.

Schaf

Egozentrisch, trotzdem liebe ich dich.
Hartherzig, und doch liebe ich dich.
Selbstüberschätzend, trotzdem liebe ich dich.
Ich schließe mich aus, trotzdem liebe ich dich.
Untreu, und doch liebe ich dich.
Meine Liebe ist vollkommen, ewig, und versagt nicht.
Steve Sieting
(Dezember 20, 2012)

Mann mit Glaube

Ein gläubiger Mensch, doch am Glauben so arm,
ich stolpere über das Hirn, seinen Charme.
Wünsche und Begierden wiegen oft schwerer als Pflicht,
ich bring sie zu Gott und bete: „Bitte, vergiss mich nicht."

Er spricht: „Such mich, und mehr wirst du finden,
nicht nur deine Wünsche, die dich hier binden.
Ich bin dein Gott, der liebt und verzeiht,
der dient mit Geduld, der die Herzen befreit."

Er vergibt meine Schuld, schenkt mehr, als ich wert,
seine Gnade und Barmherz' sind täglich erneuert.
Christus ist meine Hoffnung, mein Halt, mein Licht,
seinem Wort folg ich treu und gehorch ihm im Pflicht.
Steve Sieting
(Dezember 27, 2012)

Dennoch

Du kannst alles haben, was die Welt dir verleiht,
und doch fehlt dir Frieden, es bleibt dir nur Leid.

Dennoch ... Gott ist Liebe, er schenkt dir genug,
zum Teilen für alle – ein ewiger Zug.

Satan kann flüstern: „Dein Glaube ist leer."
Dennoch ... gibt Christus Beziehung dir mehr.
Er füllt deine Seele mit Freude und Licht,
ein Strom voller Leben, der niemals zerbricht.

Wenn Aufruhr dich quält und du Ruhe nicht hast,
dennoch ... führt der Hirte dich hin zur Rast.
Zu stillen Wassern, ins grünende Feld,
wo Frieden dir bleibt, der das Herz erhellt.

Wenn Prüfungen bleiben und Liebe sich kehrt,
dennoch ... gibt Gott dir die Kraft, die dich nährt.
Er schenkt dir Geduld für das Leiden so schwer
und Hoffnung, dass Gutes am Ende noch wär.

Die Welt wird dich hetzen, dich halten in Bann,
dennoch ... hast du Christi Gesinnung dann.
Du lernst, dich zu beugen, demütig zu sein,
und übst deine Sanftmut für andre ein.

Wenn andre nur nach dem Eigennutz schau'n,
dennoch ... wird Güte dein Zeugnis bau'n.
Ihr leiser Charakter bezeugt jederzeit,
dass Christus in dir wirkt in Liebe und Leid.

Wenn Klugheit dir sagt: „Dein Glaube ist falsch,"
dennoch ... bleibst du bei dem Kreuz nicht schal.
Denn Wissen und Glauben, was er hat getan,
gibt Zuversicht, fest auf sein Wort zu steh'n an.

Wenn man dich verletzt und Rache dich ruft,
dennoch … vertraue, dass Gott es schafft.
Er kämpft deine Kämpfe, er trägt dein Gewicht,
demütig zu warten, das ehrt ihn und dich.

Der Mensch ist versucht, nach den Seiten zu geh'n,
dennoch … hilft Mäßigung, standhaft zu steh'n.
Gemeinschaft im Geiste erhält dich voll Ruh,
sein Friede begleitet und deckt dich zu.

Das Gesetz kann das Maß niemals erfüllen,
in Sünde gefangen, im Herzen mit Hüllen.
Dennoch … Gott öffnet uns innen so rein,
er schreibt sein Gesetz in die Herzen hinein.

Die Frucht seines Geistes ist sichtbar im Leben,
sein Dasein, die Liebe, hat er uns gegeben.
Steve Sieting

(Februar 9, 2013)

Aber nicht

Im Feuer, doch niemals verbrannt,
verschluckt, und doch sicher am Strand.
Versucht, doch von Schuld unberührt,
angeklagt, doch nicht schwer verführt.

Verwirrt, doch den Weg nie verloren,
umringt, doch von Gott stets erkoren.
Umkämpft, doch der Sieg bleibt gewiss,
perplex, doch im Glauben kein Riss.

Dem Selbst abgestorben, nicht unterdrückt,
übergeben, doch frei – von Gott neu geschmückt.
Hoffnungslos scheinen, doch fest in der Pflicht,
in Christus geborgen verlier' ich mich nicht.
Steve Sieting
(März 30, 2013)
Referenz: Römer 15:13

Die Hände des Meisters

Sie sind so sanft und dennoch stark,
gewohnt an Arbeit Tag für Tag.
Sie rechnen Pläne, formen, bau'n,
erschaffen Neues, dem wir vertrau'n.

Eleganz bewegt zu frischen Zielen,
Geduld vermag die Schätze zu spielen.
Einzig und doch gewöhnlich, rein,
geordnet strahlt das Äuß're fein.

Die Liebe trägt, sie bleibt bestehen,
auch wenn wir Schmerz und Pein durchgehen.
„Es ist vollbracht", ertönt der Klang,
und viele sammeln sich im Gang.
Steve Sieting
(März 30, 2013)
Referenz: Jesaja 41,10, Jesaja 49,16, 1. Petrus 2,24

Aus einem zutiefst verletzten Herzen entstand dieses Gedicht. Ich hoffe, dass eine mir sehr wichtige Person erkennt, was verloren ging, es bereut und zur Familie zurückkehrt. Ich wünsche mir nicht nur ihre Anwesenheit. Ich blicke hoffnungsvoll in die Zukunft, weil sie oder er mit einem liebenden Geist zur Familie zurückkehren wird. Ich bete darum, dass mein geliebter Mensch die in diesem Gedicht angedeutete Einsicht gewinnt und bald zurückkehrt. Der Verlust schmerzt. Viele erleben dasselbe, sie warten auf die Heimkehr ihrer Liebsten. Bitte bete für meine Familie, so wie ich für deine bete.

Hast du dein Zuhause verlassen, weil du Schaden angerichtet hast, und möchtest du zurückkehren, dann hoffe ich, dass du unseren himmlischen Vater suchst. Er wird dir den Weg bereiten und deine Familie öffnen, damit sie dich empfangen kann.

Der Abtrünnige Eine

Ich brach viele Brücken, bedacht nie den Preis,
nun steh ich verloren, das Leben so leis.
Umgeben von niemand, im Einsamkeitskreis,
die Insel des Selbst – sie ist kein Paradies.
Ich kann laut schreien, doch niemand hört zu,
mein Ruf bleibt verhallt, es fehlt mir die Ruh.
Ich hatte einst viel, doch verschwendet im Nu,
nun bleibt nur der Schmerz, er nimmt mir die Schuh.
Ich muss eine Brücke bauen zum Licht,
den Stolz überwinden, er trägt mich nicht.
Ich bete, man sieht meinen Weg voller Pflicht,
die Demut, die spricht: „Vergib und richte mich nicht."
Ich flehe um Gnade, ich brauche sie sehr,
ich bete um Liebe – Herr, öffne das Meer.
Steve Sieting
(April 2, 2013)
Referenz: Lukas 15:11-31

Wellen

Die Wellen sie schwellen, sie treffen ans Land,
sie brechen abrupt, wie von Donner gespannt.
In Tiefen gedämpft bleibt die Strömung doch schnell,
wie Glocken erklingt sie, im Widerhall hell.

Es ist eine Kraft, die mit stetigem Stand
die Felsen zerreibt und sie wandelt zu Sand.

So mögen Gebete den Wellen gleich sein,
mit Lobpreis beginnen, im Herzen ganz rein.
Sie schwellen empor und erheben den Thron,
sie fallen zu Ehren des Ecksteins, des Sohn.

Durch sühnendes Blut wird die Schuld mir genommen,
er will nicht mehr denken, was je mir entglommen.
So treu will ich wandeln, im Alltag bestehn,
im Beten verharren, den Glauben sehn.

Er gibt mir die Kraft, zu siegen im Lauf,
dass mein Glaube nicht wankt – er richtet mich auf.
Steve Sieting
(Mai 9, 2013)
Referenz: 1. Thessalonicher 5:16-18

Unsere Sinne nehmen das Leben auf, und jeder Moment legt sich als Erinnerung in unseren Geist. Negative Erinnerungen und die damit verbundenen Gefühle können in uns das Empfinden wecken, unwürdig zu sein, Kinder Gottes zu nennen. Unsere Sinne können uns zu etwas hinziehen, doch das ist kein Grund, sich aktiv daran zu beteiligen. Ein Verstand, den ungesunde Erinnerungen füllen, beeinflusst das Herz, weil er dort Eindrücke hinterlässt. Diese Eindrücke belasten unser Herz und mindern unser Selbstwertgefühl in Christus. Sobald wir Versuchung in Lust und Begierde verwandeln, sündigt das Herz. Diese Last drückt uns nieder und gehört nicht in unser Leben. Darum ermutige ich dich, in Selbstbeherrschung zu leben, damit dein Herz frei wird und du das Leben in Christus genießt.

Weil alle Menschen sündigen und versagen, hat Jesus einen Ausweg aus Schuld und Scham geschaffen. Er vergibt uns. Werden mich Erinnerungen an frühere Fehler und Sünden heimgesucht, begrenze ich ihren Besuch, damit meine Aufmerksamkeit bei Christus bleibt. Ich danke dem Teufel dafür, dass er mich an alle Sünden erinnert, die bereits vergeben sind, und preise den Herrn für seinen Sieg.

Eindrücke

Die Vision brennt.

Der Klang hallt nach.

Der Geruch lockt.

Die Berührung begehrt.

Der Geschmack dürstet.

Der Verstand nimmt auf.

Die Eindrücke des Herzens.

Das Zuhause der Seele.

Das macht Sinn.

Hüte dein Herz!

Steve Sieting

(Juni 28, 2013)

Referenz: Sprüche 4:23-27

Widerhallende Stimme

Die schallende Stimme entwarf ihren Plan,
die Leere explodierte, das All fing an.
Ein Augenblick brachte die Zeit hervor,
enthüllte den Ursprung im Raum und im Ohr.
Die Stimme sprach: „Ich sende den Sohn,
den Retter der Menschen, mein heiligster Lohn.
Noch eh das Leben begonnen, gewusst,
dass ihr einst fallt – drum gab er mit Lust."
Die Stimme des Vaters, des Geistes, des Sohns,
bezeugt, dass sie eins sind, im Einklang des Throns.
Der Sohn gab sein Blut zur Vergebung der Schuld,
der Geist kam ins Innre, zum Trost voller Huld.
Die Stimme des Vaters wirkt Wunder so groß,
doch nennt er sich selbst nur „Ich bin" – grenzenlos.
Zwei kleine Worte, sie tragen Gewicht,
sie stillen den Ruf derer, die er spricht.
Die Worte des Lebens der Stimme bestehn,
sie sind ohne Grenzen, auf ewig zu sehn.
Die Bibel, geschrieben von Menschen geführt,
von oben inspiriert – die Liebe gespürt.
Die Stimme erschallt und enthüllt Gottes Plan,
seine Weisheit verwirrt selbst die Klügsten sodann.
Er, der die Gestirne im All schweben lässt,
flüstert: „Ich bin bei dir" – in Gnade, die trägt.
Steve Sieting
(Juni 30, 2013)
Referenz: Exodus 3:14

In der Bibel sind meine Lieblingsworte die, in denen Gott sagt: „Ich bin." Diese Aussage zeigt, dass Gott mehr als genug ist, der Anfang und das Ende. Er ist mehr als genug.

Schatten werfen

Schatten sind dunkel ohne den Sohn,
Verlangen führt schnell in die Sünde davon.
Ein Leben, das taub ist, hört keinen Ruf,
ein Leben ohne Vision kennt keinen Sturz.
Ein Gefäß, das zerbricht, wird zu Scherben aus Ton,
der Blick sucht nach Barmherzigkeit, Trost und Lohn.
Mitfühlend kniend macht der Sohn sich bekannt,
er bittet: „Mach dein Herz zu meinem Gewand.“
Die neue Geburt kommt mit Sündenverzeih’n,
die Brüche geheilt, neues Leben zieht ein.
Der Schatten, der fällt, ist von seinem Licht,
die Zukunft gesichert, die Ewigkeit spricht.
Steve Sieting
19. August 2013
Bezug: Epheser 1,7-8, 1. Johannes 1,9

Herr, manchmal habe ich immer noch meine eigenen Wünsche über deinen Willen für mein Leben gestellt. Bitte vergib mir diese Sünde. Ich möchte mich von deinem Heiligen Geist leiten lassen und für deinen Segen dankbar sein. Ich danke dir für deine überführende Kraft. Sie ist rein und wird immer in Liebe gegeben.

Beim Lesen einer Morgenandacht, Haggai 1,1-11, erregten die Worte von Vers 5 meine Aufmerksamkeit, wo es heißt: *„So spricht nun der Herr der Heerscharen: Überdenkt eure Wege.“* Am nächsten Morgen wachte ich auf und die Worte erfüllten meinen Geist. Ich bete, dass jeder Mensch innehält und seine Wege überdenkt. Ich bete, dass Gott diese Botschaft segnet und sein Licht in viele Herzen bringt.

Hast du je über deine Wege nachgedacht?

Hast du je über deine Wege gedacht?
Schwarz oder weiß – klar ist, was wahr macht.
Meinungen deuten und mischen nur Grau,
verwischen die Linien, sie werden nicht schlau.

Verlorene Grenzen – sie öffnen das Feld,
im Schatten des Grauens sucht man sich ein Zelt.
Gebete ohne Richtung verhallen im Wind,
„Gott ist doch tot!", ruft die Welt ganz geschwind.

Opfer sind billig, Bequemlichkeit fesselt,
sie stolpern und fallen, wo kein Licht erhellt.
Die Welt ist so dunkel, so hungrig, so kalt,
doch sie verleugnet die Quelle, die hält.

Und Gott spricht die Frage, die keiner begehrt:
„Hast du bedacht, wohin dein Weg fährt?
Hast du erkannt, was dein Herz wirklich ziert?
Ich bin hier – der, der dich führt."
7. September 2013
Steve Sieting
Johannes 8: 1-11

Er bittet um dich

Dunkelheit kontrastiert mit hellem Licht,
Böden sind hoch, doch Lasten wiegen nicht.
Gequälte Wege – sie sind nicht dein Ziel,
das Schicksal in Christus bedeutet viel.

So tief auch die Finsternis, er ist bereit,
der Geist will gefunden sein, nah jederzeit.
Schau auf zu Jesus, Erlösung ist nah,
er bückt sich zu dir, er ist für dich da.

Die Steine liegen, doch keiner fällt,
denn Jesus tritt ein, er verändert die Welt.
Die Schuld ist das Siegel des sündigen Seins,
doch Christus erlöst, macht das Schicksal deins.

Drum steh nun auf, sündige nicht mehr,
denn Christus befreit – sein Sieg ist so schwer.
Steve Sieting
26. Oktober 2013
Referenz: Johannes 8:3-11,

Versteckte Steine

Es ist kühl und hell an Herbsttagen so klar,
wir gehen gemächlich, die Schritte sind rar.
Ein Knistern erklingt, wenn Blätter vergehn,
ihr Schicksal besiegelt, man kann es sehn.

Das Treten der Blätter, ein raschelnder Klang,
die Spur bleibt zurück, wo ihr Teppich einst lag.
Ein Haufen von Laub zieht mein Auge geschwind,
ich muss ihn zertreten, so treibt es das Kind.

Entschlossen, den Haufen zu streuen, so frei,
tritt mein Fuß in die Mitte – ein Stein war dabei.
Die Gemächlichkeit wich, nun schmerzt jeder Schritt,
der Tag wurde mühsam, die Ruhe ist mit.

Doch heilt erst mein Fuß, will ich wieder geh'n,
die Kühle des Herbstes mit Freude sehn.
Denn Steine sind oft auf dem Lebenspfad,
das Leben ist kurz – leb es, solang du es hast.

Steve Sieting
11. November 2013

Das allegorische Gedicht „Verstecke Steine" zeigt, dass selbst einfache, unbedacht getroffene Entscheidungen Ursachen und Wirkungen entfalten. Managemententscheidungen wirken sich auf viele Beschäftigte aus, Paarentscheidungen beeinflussen die Partnerinnen und Partner sowie die Kinder. Wir agieren meist in einer bestimmten Sphäre und beeinflussen dabei andere, egal ob wir das anerkennen. Dieser Einfluss fällt entweder positiv oder negativ aus. Diese Wirkung kann ungewollt eine negative Reaktion oder ein Urteil hervorrufen, das die Betroffenen ein Leben lang begleitet. Oft entscheiden wir gedankenlos, ohne über Folgen oder Betroffene nachzudenken. Viele behaupten, ihr Handeln gehe niemanden etwas an, statt so zu leben, wie es in Kolosser 3:23–24 in der Englischen Standardversion heißt: „Was immer ihr tut, arbeitet von Herzen, als für den Herrn und nicht für die Menschen; denn ihr wisst, dass ihr vom Herrn das Erbe als euren Lohn empfangen werdet. Ihr dient dem Herrn Christus." Das sollte unser Zeugnis sein. Als Jugendlicher war ich sehr schüchtern und stellte kaum Fragen. Stattdessen beobachtete und hörte ich anderen in der Kirche und zu Hause zu. Auf diese Weise erkannte ich, was wirkt und wie sich das Verhalten anderer auf ihr Umfeld auswirkt. Ich bemühte mich, sie nicht zu verurteilen. Diese Beobachtungen speicherte ich in meinem Erwachsenenkatalog, und sie prägten meine späteren Entscheidungen und Gedanken. Ich wollte keine Fehler wiederholen und meine zukünftige Partnerin sowie meine Kinder nicht auf diese Weise behandeln.

Der Glaube muss kultiviert werden

Unsicher im Schritt, doch die Richtung ist klar,
bereit, voller Liebe zu gehen, ganz wahr.
Die Felder bereitet, gepflügt und bestellt,
das Land ist gerodet, der Boden erhellt.

Die Zeit ist gekommen, mein Platz ist bereit,
dem Herrn will ich dienen in Gnade und Zeit.
Er ist Herr über alles, der Hirte, der führt,
die Ernte ist reif, wenn der Glaube berührt.

Der Glaube von gestern – er bleibt nur zurück,
er trägt nicht für morgen, nicht neues Glück.
Ein Feld muss bestellt sein, erneut jedes Jahr,
damit neue Frucht wächst, so wunderbar.

Erfrische den Glauben, gib neuen Wein,
lass jeden Tag neu in der Hoffnung sein.
Drum suche ich dich an jedem Morgen,
vertraue dir ganz, in Freude wie Sorgen.

Das ist die Liebe, die mein Herz dir sage,
dir allein – dem „Alten der Tage".
Steve Sieting
14. November
Bezug:2. Korinther 5,7, Römer 10,17

Ich schrieb die folgenden Worte, weil ich spürte, dass Gott eine Botschaft für alle Menschen hatte. In der zweiten Zeile wählte ich das Wort „verfolgen", weil Gott meiner Überzeugung nach weiß, dass wir seine Worte als wahr und rein erkennen, sobald wir sie sorgfältig prüfen. Ich bin überzeugt, dass unser Wunsch nach dieser Reinheit in unserem Leben uns in seine Gegenwart führt. So finden wir seine Weisheit und sein Verständnis. Seine Stimme wird klar sein, und das verständnisvolle Lied wird unser Wesen trösten. Obwohl Gott durch Christi Tod das Tal zerriss, bleibt in uns eine sündige Natur, die Distanz schafft. Wir reißen das Tal in unseren Herzen ein und wählen, in vertrauter Gemeinschaft mit unserem Herrn zu leben. Er sehnt sich nach unserem Verlangen wie eine liebende Person und hat Verlangen nach uns.

Von Gott:

An dich:

Ich wünsche mir dich

Ziehe dich in meine ständige Gegenwart zurück.
Höre auf mein Wort und neige dein Ohr.
Die Weisheit schreit danach, gehört zu werden.
Und der Verstand singt wahrhaftige Lieder.
Das Herz hat eine eigentliche Teilung.
Sein Tal muss zerrissen werden.
Tritt ein in meine Gegenwart,
um meine Stimme zu hören.
Mein Geist sehnt sich danach,
mit dir intim zu sein.
Gott
Steve Sieting
22. April 2014
Referenz: 1. Korinther 1,9, Jeremia 29,11

Das Buch „The Pursuit of God" von Aiden Wilson Tozer inspirierte diesen Text.

Diese Worte entdeckte ich in Kohelet 7,10–12.

10 Ich gehöre meiner geliebten Person, und ihr Verlangen gilt mir.

11 Komm, meine geliebte Person, lass uns auf die Felder gehen und in den Dörfern übernachten. 12 Früh wollen wir aufstehen und in die Weinberge gehen und prüfen, ob der Weinstock blüht, die zarten Trauben hervortreten und die Granatäpfel sprießen. Dort will ich dir meine Liebe geben."

Der gute Hirte will bei uns sein. Er hilft uns, die Ernte einzubringen, weil er uns auf jedem Schritt liebt.

Ich bete, dass dieses Verlangen in meiner Seele brennt und mein Herz wie die Trauben in der Zärtlichkeit des neuen Weins des Heiligen Geistes erblüht. Möge auch in dir das Verlangen wachsen, Gott mit brennendem und innigem Geist zu suchen.

GEDICHTE VON ELEANOR SIETING

Verzweiflung

Verzweiflung wie ein Sturm so wild,
sie wirbelte um mich, nahm mir das Bild.
Sie füllte mein Herz mit Kummer schwer,
und jeder Morgen bedrückte mich mehr.

So tief war der Brunnen des eigenen Leids,
so dunkel die Stunden der Traurigkeit.
Da kam die Hoffnung, sie zog bei mir ein,
brachte den Traum von morgen herein.

Sie linderte Lasten, die drückten so sehr,
vertrieb meine Sorgen, mein Herz wurde leer.
Dann siegte die Freude, besiegte die Nacht,
die Angst in mir wurde zur Ruhe gebracht.

Nun fürchte ich keinen der Morgen mehr,
denn Hoffnung vertreibt meinen Kummer so sehr.
Eleanor Sieting

Trauernde

Der Weidenbaum weint stille Tränen,
der Schneemann steht in leeren Szenen.
Sie sehnen sich nach dem kleinen Kind,
das morgens stets bei ihnen war, geschwind.

Sein Wagen ruht vom Schnee bedeckt,
die Schaukel hängt herab, versteckt.
Sie schauen still, doch ahnen klar:
Der Junge ist nicht mehr da, wie er war.

Im Hause steht der Tisch bereit,
doch wirkt er leer in Traurigkeit.
Ein Stuhl bleibt frei, kein Blick kann fliehn,
die Augen feucht, sie vergessen ihn nie.

Ich frag mich, ob er jenseits nun,
wo sterbliche Augen nichts mehr tun,
so tiefe Liebe wiederfind't,
wie er sie einst bei mir empfing, mein Kind.
Eleanor Sieting

Ich fand einen Freund

Ich fand einen Freund, so sanft und treu,
ich leg meine Hand in die seine, voll neu.
Er führt mich hinaus in den helleren Tag,
trägt meine Last, wenn ich nicht mehr mag.

Ich fand einen Freund, der im Kummer besteht,
bei Sorgen und Schmerzen zur Seite mir geht.
Er hilft mir, den Bogen von morgen zu seh'n,
die Farben der Hoffnung im Regen entsteh'n.

Ich fand einen Freund, der mich aufrichtet sacht,
auch wenn ich murrend den Fehler gemacht.
Er kennt mich genau, doch er liebt mich stets,
ein Freund, der mich niemals im Stich je lässt.

Eleanor Sieting

Jesus

Er kam zu den Ärmsten der Armen, um zu zeigen,
dass er alle Menschen liebt.
Er sprach weise Worte und erzählte
ihnen von ihrer Sünde.
Er richtete die Gefallenen zu neuem
Leben auf und gab ihnen inneren Frieden.
Eleanor Sieting

Die Geburt unseres Erlösers

Die Welt lag in Knechtschaft und Sklaverei und
stöhnte unter der Last der Sünde.
Der Weg des Lebens war dunkel und trist,
kein Lichtstrahl drang ein.
Dann, eines Nachts in einem Stall,
wo das Vieh Platz machte,
spaltete ein kleines Baby die Zeit in zwei Hälften,
und das Licht der Welt kam herein.
Eleanor Sieting

Die Liebe gleicht

Die Liebe gleicht dem Diamant,
sie schwebt und funkelt, strahlt so grand.
Sie wirft ihr Licht auf unsre Zeit,
und trägt uns durch die Dunkelheit.

Die Liebe ist wie Frühlingsregen,
sie füllt die Erde, schenkt uns Segen.
Sie gibt dem Leben neuen Mut,
gebiert es frisch und macht es gut.

Die Liebe ist wie Sonnenschein,
sie dringt in dunkle Winkel ein.
Sie füllt den Tag mit hellem Licht,
das jede Finsternis durchbricht.

Die Liebe gleicht dem Felsen fest,
der müden Landen Schatten lässt.
Sie trägt, sie schützt auf festem Grund,
bewahrt uns sicher, treu und rund.

Eleanor Sieting

Lärm

Hörner hupen.

Radios tönnen.

Motoren röhren.

Ventilatoren summen.

Die Gemüter erhitzen sich.

Unstimmige Geräusche erfüllen die Luft.

Stille … Es gibt keine!

(Mama war so freundlich,

ihre fünf Kinder in diesem

Gedicht nicht zu erwähnen.)

Eleanor Sieting

GEDICHTE VON STEVEN M SIETING II

Mein Vater

Ich bin ein Mann, der mir täglich den Rücken stärkt,
ich bin ein Mann, der jeden Dollar ehrlich erwerbt.
Ich bin ein Mann, der das einfache Leben liebt,
ich bin ein Mann, der seiner Frau Treue gibt.

Ich bin ein Mann, gesegnet mit Kindern und Zeit,
ich bin ein Mann, der dies Vorrecht stets erneut geweiht.
Ich bin ein Mann, der weiß, dass er schuldig war,
ich bin ein Mann, dem Vergebung stets offenbar.

Ich bin ein Mann, der das Leben richtig führt,
ich bin ein Mann, der den guten Kampf berührt.
Ich bin ein Mann, der hart arbeitet und zeigt,
dass Gott in mir lebt, wie sein Wort es bezeugt.

Du bist der Mann, den ich in meinem Herzen seh',
der mich antreibt, wenn ich durch Schwierigkeiten geh'.
Du bist der Mann, der ich eines Tages sein will,
ich werde dich lieben – dein Sohn bleibt still.

(Vatertag 2005)
Steven M. Sieting II

Meine Mutter

Ich bin eine Frau, die den Herrn innig liebt,
ich bin eine Frau, die ihm ewiglich Loblieder gibt.
Ich bin eine Frau, die die Kinder bewahrt,
ich bin eine Frau, die den Mann treu umarmt.

Ich bin eine Frau, die das Leben genießt,
ich bin eine Frau, die das Rechte erschließt.
Ich bin eine Frau, die stets fleißig sich müht,
ich bin eine Frau, deren Herz Mitgefühl sprüht.

Ich bin eine Frau, die gern Lächeln verschenkt,
die weitergeht, wenn man an Schranken noch denkt.
Ich glaube von Herzen: Mein Gott ist so groß,
drum folg ich ihm treu, ohne Zögern, getrost.

Danke, dass du mir gezeigt hast, zu leben,
danke, was Ehe mir soll geben.
Danke, dass du eine Mutter so bist,
die liebt wie keine, die niemals vergisst.

Mit freundlichen Grüßen,
das grünäugige Monster.
Steven M. Sieting II

MEINE FUSS- ABDRÜCKE DURCH DAS LEBEN

Einem Gedichtband eine stark komprimierte Autobiografie beizufügen, ist meine Art, Transparenz zu schaffen und den Texten eine zusätzliche Perspektive zu verleihen. Transparenz war mir wichtig, und ich wollte den Gedichten eine weitere Perspektive hinzufügen. Außerdem wollte ich zeigen, dass die Überwindung ein lebenslanges, inspirierendes Unterfangen ist, das Verantwortung verlangt. Ich hoffe, dass meine Offenheit dich ermutigt, deinen Blick nach innen zu richten und dann zu deinem himmlischen Vater zu erheben.

Unsere Familie Beginnt

Am 10. Mai 1947 heirateten Mama und Papa, und sie besaßen nur sehr wenige eigene Dinge. Für ihre Flitterwochen durften sie eine Woche lang eine abgelegene, alte Hütte nutzen. Das alte, mit Blech verkleidete Gebäude hatte Filzpapier als Außenverkleidung. In dieser Hütte ohne Wasser und Strom begann ihre Ehe, die dreiundsechzig Jahre währen sollte. Meine Mutter schrieb später einen seitenlangen Brief über den Spaß der Woche. Sie angelten, und weil mein Vater die Fische nicht putzen konnte, übernahm meine Mutter diese Aufgabe. Ich nenne die Hütte gern die „ursprüngliche Liebeshütte".

Mama und Papa hatten einander und eine gemeinsame Woche in dieser Honeymoon-Hütte, um ein Leben voller Erinnerungen zu beginnen.

Wie füreinander geschaffen wirkten meine Eltern. Beide stammten aus Familien, in denen meine Großeltern weder füreinander noch für die Kinder Liebe zeigten. Für sie war die Familie eine Verantwortung, die sie lediglich tolerierten. Sie handelten anders als ihre Erziehenden und waren in jeder Hinsicht füreinander bestimmt. Das empfinde ich als den größten Segen und das größte Geschenk, das sie mir gemacht haben. Ihr Engagement führte zu Opfern und zu Entscheidungen, die mein Leben angenehm machten. Dieses gelebte Zeugnis der Verantwortlichkeit für die Familie prägte meinen Lebensweg. Es zeigte mir auf einfache und praktische Weise, was Verantwortung bedeutet.

Mein Vater kam in eine Familie, die ihn nicht wollte. Man sah ihn lediglich als weiteres Maul zum Füttern. Über seine Jugend spricht er kaum. Er ist zurückhaltend und bittet nie um viel. Als er sechzehn war, starb sein Vater an einem Herzinfarkt. Danach verließ er die Highschool und trat später in die Armee ein. Meine Mutter und mein Vater lernten sich erst nach dieser Zeit kennen. Nachdem mein Vater ihr an einem Abend mitgeteilt hatte, dass er nicht zu ihr kommen könne, sagte meine Großmutter zu meiner Mutter, sie werde ihn heiraten. Für uns Kinder war klar, dass die Mutter meines Vaters uns nicht mochte. Ich erinnere mich nicht an ein einziges Lächeln ihrerseits. Ihre Worte an uns waren spärlich und nie nett.

Auch die Vergangenheit meiner Mutter war unruhig. Ein Feuerwehrmann, ihr Vater, starb, als ein Feuerwehrauto ihn überrollte, sie war zwei. Ihr Stiefvater verhielt sich gemein, grob und zeigte kaum Interesse an ihr oder ihrem Bruder. Ausgenommen meine Mutter fluchte, trank und rauchte die gesamte Familie ständig. Als Kind hatte ich deshalb oft Angst. Während der Depression hatten sie oft kaum etwas zu essen, erzählte sie mir. Meist gab es Schmalzbrote, manchmal wurden sie ins Bett geschickt, um Energie zu sparen. Ein Schulbeamter besuchte sie, erkannte ihre Not und brachte ihnen etwas Obst. Im ersten Schuljahr verließ meine Mutter die Schule, um die Familie zu unterstützen, doch zuvor versprach sie ihrer Mutter, bei besserer Lage zurückzukehren. Ein Jahr lang fehlte sie. Später kehrte sie in die Lee High School zurück und schloss sie ab.

Zwischen der Geburt ihres ersten Kindes, eines Sohnes, der mit Komplikationen zur Welt kam und zwölf Pfund wog, Zwei Tage später starb er, und dieser Verlust traf sie schwer.

Sie mieteten ein Haus, und kurz darauf kamen meine drei älteren Brüder Dale, Richard und Gordon zur Welt. Als ihnen klar wurde, dass sie mehr Platz brauchten, suchten sie nach einer preiswerten Immobilie. Schließlich entdeckten sie ein kleines Haus auf einem Grundstück von etwa einem halben Hektar. Eine ältere Dame finanzierte den Kauf, sodass sie monatlich zweiunddreißig Dollar zahlen mussten. Mein Vater musste sein Geld genau kalkulieren, damit die Raten bezahlt werden konnten.

Mitte der 1950er Jahre war die Nachbarschaft für die meisten Menschen die ganze Welt. Meine Mutter erwartete mich 1955, als sie in das kleine Haus zogen. Das Viertel hatte die Form einer Acht. Bis zu seinem Tod im Jahr 2016 blieb mein Vater dort.

Meine Mutter war sehr klein, doch mit meiner bevorstehenden Geburt wuchs ihr Bauch. Ihre Schwester Peggy erwartete ebenfalls meinen Cousin. Gemeinsam fuhren sie durch die Stadt. Meine Mutter lenkte, Tante Peggy bediente Gas- und Bremspedal. Das Leben erschien damals einfacher.

Vater arbeitete in einem Lagerhaus, Mutter kümmerte sich zu Hause um meine älteren Brüder und mich. Später, als wir älter wurden, arbeitete sie für eine Weile auch außerhalb des Hauses. Wir lebten in großer Armut, und die Not trieb jede Entscheidung voran. Bei meiner Geburt wäre meine Mutter fast gestorben. Elf Pfund und elf Unzen wog ich, als ich zwei Wochen zu spät per Kaiserschnitt zur Welt kam. Die Ärztin empfahl meiner Mutter, mich nicht zu halten, und aufgrund der Komplikationen folgte sie dieser Anweisung. Unser kleines Haus beherbergte vier Söhne, und mein Vater arbeitete und half, wo er konnte. Ein Jahr später vergrößerte meine Schwester Linda die Familie.

Weil vier Jungen in einem Raum schliefen, der kein richtiges Schlafzimmer war, meine Schwester ein anderes Zimmer nutzte und meine Eltern das dritte Zimmer beanspruchten, war es Zeit, das Haus zu vergrößern. Für den Kredit wandten sie sich an dieselbe Frau, an die sie bereits die Raten für das Haus gezahlt hatten. Der Anbau bestand aus einem Eingangsbereich mit einem Kleiderschrank sowie aus zwei Schlafzimmern, einem für meine Schwester und einem für meine

Eltern. Die vier Jungen teilten sich fortan zu zweit ein Schlafzimmer. Meine Eltern übernahmen den größten Teil der Arbeiten und bekamen Unterstützung von Freunden. Sie erfuhren außerdem von einer Garage, die weichen sollte, und durften sie haben. Nachdem sie sie abgerissen hatten, bauten sie die Garage mit zwei Ställen neben dem Haus wieder auf.

Meine Mutter erzählte mir später, dass sie mich als Baby wegen ihrer angegriffenen Gesundheit und der schweren Hausarbeit nur selten im Arm gehalten hatte.

Sie sagte, sie habe mich hinlegen können, und ich sei stundenlang an der gleichen Stelle liegen geblieben. Außerdem habe ich als Säugling selten geweint. Zum Füttern legten sie mich hin und stützten die Flasche mit einer Decke ab. Neben der Hintertür lag unser Sandkasten. Unter dem Apfelbaum saß ich darin und spielte. Mit zunehmendem Alter wurde ich sehr schüchtern und sprach kaum mit Personen außerhalb der Familie. In der Schule hatte ich nur wenige Freundinnen und Freunde. Der Sandkasten unter dem Baum, in dem ich viel Zeit beim Spielen verbracht hatte, war meine Komfortzone, in die ich mich oft zurückzog.

Im Kindergarten merkte ich, dass viele andere Kinder deutlich schlauer schienen. Sie konnten zählen, kannten ihre Farben und einige konnten sogar schon lesen. Das beschämte mich, also versuchte ich, meine Unwissenheit zu verbergen, indem ich still blieb. So führte ich fortan zwei Leben, je nachdem, wie sicher ich mich fühlte. Zu Hause oder beim Spielen zeigte ich Selbstbewusstsein, in der Schule oder in der Kirche zog ich mich dagegen in mich selbst zurück.

Alltägliche Ereignisse, durch die ungefilterte Wahrnehmung eines Kindes interpretiert, verstärkten meinen Rückzug. In der zweiten Klasse teilte ich mir den Schreibtisch mit einem Kind. Damals standen auf den Klassenfotos noch keine Namen, ich glaube jedoch, sie hieß Molly. Ich sah, dass ihre Familie wenig besaß, weil sie sich ständig meine Buntstifte und andere Dinge lieh. Wir redeten kaum, verstanden uns jedoch gut. Im Laufe des Jahres überfuhr sie ein Auto, dessen Fahrende danach flüchtete. Niemand wusste, dass ich zuhörte, doch ich vernahm, wie Menschen erzählten, dass sie so schwer angefahren worden war, dass sich ihre Gliedmaßen von ihrem Körper gelöst hatten. Dieses Bild beunruhigte mich sehr, doch ich schwieg. Ihr Platz neben mir blieb für den Rest des Jahres leer. Ich habe sie nie vergessen.

Während meiner Grundschulzeit sprach ich kaum im Unterricht, sodass die Lehrkräfte kaum Aufmerksamkeit auf mich zogen. Einige Ereignisse während meines dritten Schuljahres hinterließen einen bleibenden Eindruck in meinem Leben. Verantwortlich dafür war das Kind, das direkt vor mir saß. Er war groß, hatte blondes Haar und helle Haut. Ich erinnere mich nicht daran, was er Schreckliches getan hat. Es schien jedoch üblich zu sein, dass die Lehrerin ihn am Kiefer packte und schüttelte, bis er und sein Pult um dreißig Grad zur Seite kippten. Ich erstarrte. Meine Augen waren weit aufgerissen. Ich sah, wie sich Quaddeln auf seiner Haut bildeten.

Mehrfach wiederholte sich das Spiel, bis die Lehrkraft den Stuhl verfehlte und auf dem Hintern landete. In den Klassenraum kehrte sie nie zurück. Ich fühlte Erleichterung, als ich hörte, dass sie nicht zurückkehren würde.

Unser Haus stand als Zweites am Ende des Blocks, hinter dem nächsten Hof begann der Wald. Dieser Wald wurde zu meinem Wald, wo ich spielte, Beeren pflückte, am Teich Frösche und Schildkröten fing, Fahrrad fuhr und mich zurückzog. Etwa einen Quadratkilometer groß, lag der Wald direkt hinter dem nächsten Hof. In seiner Mitte erstreckten sich rund fünfzig Hektar Ackerland. Durch Erkundungen und das Beerenpflücken lernte ich jeden Zentimeter des Waldes kennen. Stundenlang pflückte ich Beeren, warf sie hoch und fing sie mit dem Mund. Eines Tages warf ich eine Beere immer höher, bis sie etwa einen Meter über meinem Kopf schwebte. Eine flog direkt in meine Kehle, und ich erstickte fast. Meine Augen tränten, ich konnte nur noch meine Kehle fest umklammern.

Lernen, dass das Leben nicht immer fair ist

Im Lagerhaus von A&P arbeitete mein Vater, wo er Lastwagen und Waggons be- und entlud. Einmal im Jahr fand ein Firmenpicknick in einem örtlichen Park statt, an dem wir teilnahmen. Dabei stellte das Unternehmen alles zur Verfügung. Die ersten drei Plätze der Kinderspiele erhielten Preise. Weil in meiner Altersgruppe nur wenige Kinder kamen, steckte man mich in die nächsthöhere Gruppe, damit ich an einem Rennen teilnehmen konnte. Am Heck des Sattelschleppers standen die Preise Spalier. Ich entdeckte unter anderem ein Luftgewehr und war mir sicher, dass es für die Person bestimmt war, die als Erste ins Ziel kam. Es störte mich nicht, gegen ältere Kinder anzutreten, denn ich hatte eine Chance auf den Sieg. Ich wusste, dass ich für mein Alter schnell war. Kaum hatte das Rennen begonnen, war es auch schon beendet, denn die anderen Kinder lagen weit zurück. Ich gewann und wartete stolz auf meinen Preis.

Schließlich wurde mein Name als Gewinner ausgerufen, und der Mann drückte mir ein ausgestopftes Kaninchen in die Hand. Das Tier war ungefähr einen Meter hoch, besaß einen Plastikkopf und etwa fünf Zentimeter lange Ohren. Ich war schockiert. Das Luftgewehr erhielt die zweitplatzierte Person. Ich sagte dem Mann nichts, doch es gehörte zu den wenigen Malen, an denen ich mich bei meinen Eltern darüber beschwerte, betrogen worden zu sein. Ich hatte gehofft, mein Vater würde sich für mich einsetzen und mir helfen, das Gewehr zu bekommen, das meiner Meinung nach mein Preis sein sollte. Sie erklärten jedoch, die Waffe nicht herausgeben zu wollen, und rieten mir, weiterzuspielen.

Das Kaninchen blieb in meinem Zimmer, bis ich zur Marine ging. Es erinnerte mich daran, dass das Leben nicht immer fair ist und dass wir nicht immer den Preis erhalten, den wir zu verdienen glauben. Das Kaninchen begleitet mich bis heute und warnt mich, wenn ich jemandem nachjage.

Mich selbst als Kind sehen

Das geringe Fragestellen ruhiger Kinder behindert ihr Lernen. Ein Beispiel daraus lässt mich heute über mich selbst lachen. Auf dem Sofa sitzend, sah ich die Kindersendung „Romper Room". Die Moderatorin ritt auf einem Steckenpferd. Am Ende der Sendung schaute sie, eigentlich nur durch einen Handspiegel, bei dem der Spiegel entfernt worden war, ins Fernsehland, um alle Kinder zu sehen. Dann sagte sie: „Und ich sehe Tommy und Sue und Billy", und so weiter. Eines Tages rief sie meinen Namen: „Steve". Ich sah den Fernseher am Samstagmorgen stets in Unterwäsche, und es beschämte mich, dass sie mich darin sah. Entblößt und verlegen sprang ich auf, holte eine Decke und deckte mich zu. Dann ging ich noch einen Schritt weiter. Ich trat direkt an den Bildschirm und betrachtete ihn von allen Seiten, um zu verstehen, wie sie mich gesehen hatte. Erst viel später im Leben habe ich wieder in Unterwäsche ferngesehen. Wie bereits gesagt, bin ich langsam.

Heute bringt mich mein damaliges Unverständnis für Musik im Radio zum Lachen. Meine älteren Brüder hörten Rockmusik, also hörte ich die Bands, die im Radio spielten. An Schallplatten dachte ich dabei nie. Stattdessen stellte ich mir vor, dass die Bands direkt im Radiosender warteten, bis sie ans Mikrofon durften, um ihr Lied zu singen. Danach traten sie zurück, und die nächste Band wartete auf ihren Einsatz. In meiner Vorstellung nutzten alle Bands dieselben Instrumente. Die Wahrheit traf mich später, und ich fühlte mich naiv. Niemand erfuhr von meiner Vorstellung, bis jetzt.

Ich lernte den Wert des Charakters durch eine Lüge

Zum ersten Mal in meinem Leben wechselte ich in der sechsten Klasse die Schule und suchte mir neue Freundinnen und Freunde. An der Townline School unterrichtete mich zum ersten Mal ein Lehrer. Ich wandte meine Tarntaktik weiterhin an und versteckte meinen Kopf hinter dem Kopf des Kindes, das vor mir saß, um nicht gesehen zu werden. In meinem Klassenzimmer saßen sehr aktive Schüler, viel aktiver als ich. Im Laufe des Jahres kam ich immer mehr aus meinem Schneckenhaus heraus, vor allem wegen des Wettbewerbs auf dem Spielplatz in den Pausen.

Da meine Eltern mir Respekt und Ehrlichkeit vorgelebt hatten, erwartete man von mir, dass ich mich in der Schule anständig benehme, sonst würde ich zu Hause für meine Verfehlungen teuer bezahlen. Im Klassenzimmer verhielt ich mich anfangs vorbildlich, bis mich die Aufregung der anderen Kinder ansteckte. Das Klassenzimmer besaß sehr hohe Decken. Während der Lehrer viele Informationen an die Tafel schrieb, begannen einige der Jungen, riesige Spuckbälle zu formen. Mit ihren Spuckbällen in der Hand beschlossen sie, sie an die Stirnwand zu werfen, hoch über die Lehrerin hinweg. Die Lehrkraft schrieb weiter, wir kicherten leise. Ich mischte mich aufgeregt unter sie und formte eifrig meinen eigenen Spuckeball. Nicht die Konstruktion, sondern das Flugverhalten meines Spuckballs bereitete Probleme. Ich hielt ihn jedoch einen Augenblick zu lange fest, und er prallte zwischen der Hand und dem Kopf des Lehrers auf die Tafel. Der Aufprall war so stark wie bei einem Baseball.

Die Lehrkraft drehte sich um, das Gesicht rot, die Kiefermuskeln angespannt. Er fragte, wer den Spuckball geworfen habe, doch niemand gestand. Er schloss daraus, dass die Gruppe von Schüler:innen verantwortlich sei und nahm ihnen für einige Zeit die Pausen. Die Gruppe drehte sich dann gegen mich und behauptete, ich sei der Werfer. Der Lehrer befragte mich, ich leugnete es, wodurch sich die Schüler noch mehr aufregten. Er glaubte mir und ließ die Sache auf sich beruhen. Ich zitterte vor Angst und schwieg weiter. In diesem Moment erkannte ich durch die Art, wie mein Lehrer mich behandelte, den Wert von Ehrlichkeit und Charakter. Ich begriff, was dies im Leben bedeutet und wie man selbstbewusst zu diesen Werten steht. Das hat mir oft geholfen. Ich nehme Ehrlichkeit und Charakter nicht mehr als selbstverständlich, sondern schätze sie als wertvolle Geschenke.

Einen Standpunkt einnehmen, der ein Leben lang Bestand hat

Stell dir vier Jungs mit Kurzhaarschnitten vor. Ich durfte mir in der sechsten Klasse endlich die Haare länger wachsen lassen und war damit der Letzte in der Klasse. Sie sitzen in einer Kirchenbank neben ihren Vätern. Einer von ihnen hat ein kleines blondes Mädchen mit einem Pixie-Haarschnitt auf dem Schoß. So sah unsere Familie in der Kirche aus. Im Kirchenschiff saßen wir stets auf der rechten Seite, mittig in der Gemeinde. Im Chor sang unsere Mutter; jeder bewegte sich, denn sie machte jedem schöne Augen. Unsere Familie diente der Kirche, indem wir einen Monat lang jeden Samstag die Kirche reinigten.

In der siebten Klasse vernahm ich, wie eine Frau meine Mutter lobte, weil sich unsere Familie stets vorbildlich verhielt. Sie nahm das Lob an und sagte stolz, dass ihre Kinder die Kirche nicht von innen sähen.

Zu dieser Zeit gewann ich eine neue beste Freundschaft, die Person war katholisch und besuchte die Samstagsmesse. Ein Wochenende wollte er, dass ich am Sonntag zum Baseballspielen zu ihm nach Hause komme. Ich stand am Sonntagmorgen auf und erklärte, dass ich zu meinem Freund gehen würde.

Meine Ankündigung glich einer Freiheitserklärung und löste am Sonntagmorgen sofort einen Wortkrieg aus. Man befahl mir, mich anzuziehen und in die Kirche zu gehen. Meine Aggression stieg, und ich warf meiner Mutter das Gespräch beim Kirchenputz vor. Ich schrie sie an und nannte meine Eltern Lügner und Heuchler. Ich war wütend und wollte keinesfalls in die Kirche gehen. Sie ließen mich nicht zu meinem Freund gehen, und ich betrat die Kirche nicht. Ich blieb standhaft. In meinem Zimmer kochte ich vor Wut. Ich beruhigte mich erst, als ihre Rückkehr näher rückte. Das half mir. Kurz darauf betrat meine Mutter das Zimmer und entschuldigte sich, weil sie mich in die Kirche hatte bringen wollen, obwohl sie anderen etwas anderes erzählt hatte. Ich nahm sie an und dankte ihr. Das bedeutete mir sehr viel. Ihr Verhalten veranlasste mich, weiterhin in die Kirche zu gehen. Auch während meiner Zeit in der Marine besuchte ich sonntags eine Kirche unserer Konfession. In Kalifornien war unsere Kirche fünfundzwanzig

Meilen entfernt, und eine Zeit lang besaß ich kein Auto. Da kaufte ich mir ein Fahrrad und radelte zu der kleinen Kirche. Ich bemühte mich, früh genug einzutreffen, damit ich mich abkühlen, abwischen und das Hemd wechseln konnte.

Außerdem mied ich die meisten Menschen, weil jeder, der mich kennt, weiß, dass ich stark schwitze. Besonders anstrengend war ein Sonntag, an dem meine Fahrradreifen dreimal platt waren.

Junior High

Mit der Junior High brachten Mannschaftssportarten neue, aufregende Zeiten, die ich liebte. Ich hielt mit. Großartig war ich nicht, doch ich gab stets alles. Im Herbst spielte ich Flag Football. Im Winter schaffte ich es in die Basketballmannschaft. Im Frühjahr betrieb ich Leichtathletik, und der Trainer der siebten Klasse wählte mich zur wertvollsten Spielerin der Leichtathletikmannschaft.

Im Basketball vertrat ich erstmals eine Schule im Team. Mein Trainer, Mr. Batt, forderte uns auf, als Mannschaft zu funktionieren und einen Sport zu erlernen, den ich kaum kannte. Weil ich die zweitgrößte Spielende war, spielte ich im Sturm. Ich beherrschte den Wurf nicht, doch ich war schnell und mein vertikaler Sprung betrug drei Zentimeter, meine Art zu sagen, dass ich nicht springen konnte. Dank meines Einsatzes und meiner Einstellung ließ Mr. Batt mich spielen.

Die Saison verlief erfolgreich, dennoch unterlagen wir zweimal mit jeweils zwei Punkten gegen dieselbe Mannschaft. Im Meisterschaftsspiel trafen wir erneut aufeinander. Nach zweimaliger Verlängerung gewannen wir mit zwei Punkten Vorsprung. Es war der erste Basketball-Meisterschaftspokal in der Schulgeschichte.

Die besten Trainerinnen und Trainer vermitteln ihren Spielerinnen und Spielern Lebenslektionen und Werte, weil sie sich um sie kümmern, und Mr. Batt gehörte dazu. Nach dem Spiel führte er mich in sein Büro, und wir setzten uns für ein Gespräch. Er sagte mir freundlich, dass ich im Vergleich zu den anderen Spielenden viel reifer sei, und bezeichnete mich als erwachsene Person. Er sagte, mein Wachstum werde bald stoppen, und die anderen würden mich dann einholen. Er sorgte sich sichtbar um mich und wollte mich auf die Zukunft vorbereiten. Das zu akzeptieren fiel mir schwer, doch es stimmte.

Nachdem das Gespräch beendet war, bemerkte ich, dass alle anderen Teammitglieder in einen Hamburgerladen gegangen waren, um zu feiern. Weil ich am anderen Ende der Stadt wohnte, traf ich meine Teamkolleg*innen außerhalb der Schule fast nie. Ich wartete in der Turnhalle, bis meine Eltern mich abholten, und fühlte mich glücklich, aber auch verlassen. Ich hatte kein Geld. Zum ersten Mal hasste ich meine Armut. Die Sportlehrkraft bemerkte meine Lage, gab mir etwas Geld, ließ mich meine Eltern anrufen und brachte mich anschließend in den Burgerladen. Ihre Fürsorge erfüllte mich mit Dankbarkeit.

Später, während meiner Zeit bei der Marine, besuchte ich bei einem Heimaturlaub das Büro der Junior High, um zu sehen, ob Mr. Batt anwesend war. Während die Angestellte nach meinem Namen fragte, kam ein Schüler herein. Ich nannte meinen Namen, da unterbrach die Schülerin das Gespräch und fragte: „Sie sind Steve Sieting?" Ich war überrascht, weil jemand wusste, wer ich war, obwohl ich seit mindestens sechs Jahren nicht mehr an der Schule gewesen war. Weil Mr. Batt mich weiterhin als Beispiel für Einsatz und die Art von Mensch, die ich für ihn gewesen war, nannte, hatte er mich in Erinnerung gehalten. Das machte mich demütig. Unser Gespräch ist mir unvergessen, weil er sich die Zeit nahm, mich auf die Zukunft vorzubereiten und dabei die Wahrheit sprach. Er eröffnete mir zwei Erkenntnisse, die jedem jungen Menschen nutzen. Seine freundlich mitgeteilten Beobachtungen eröffneten mir die Kraft von Beobachtung und Ehrlichkeit. Diese Erfahrung erwies sich später als nützlich. An diesem Tag sah ich Herrn Batt nicht wieder. Trotzdem habe ich ihn nie vergessen, weder seine Art, mich zu behandeln, noch die Impulse, die er in mein Leben einbrachte, während er sein Team trainierte. Aus tiefstem Herzen danke ich Ihnen, Mr. Batt, für Ihre ermutigenden Worte. Ich hoffe, wir sehen uns eines Tages wieder.

High School

Pro Jahr betrieb ich drei Sportarten, meine Noten waren mittelmäßig. In der Kirche arbeitete mein Jugendleiter in der Hauptstelle eines örtlichen Lebensmittelgeschäfts, und ich bat ihn, mir bei der Jobsuche zu helfen. Er kannte einen Filialleiter und nahm mich mit in den Laden, damit ich diese Person treffen konnte. Ohne seine Begleitung hätte ich die Stelle nicht bekommen. Ich nuschelte, mein Jugendleiter musste für mich sprechen, weil der Manager mich nicht verstand. Während meiner Schulzeit in der Highschool nahm ich an vielen Aktivitäten teil und arbeitete, um meine Ausgaben zu decken. Ich war fast nie zu Hause, doch ich hatte Spaß.

Im Football brillierte ich als Zehntklässler auf den Positionen Fullback und Punter. Zweimal wählten sie mich zum Spieler der Woche. Zu Beginn meines zweiten Schuljahres erwarteten die Trainer, dass ich mich in der Mannschaft gut schlagen würde. Nach einer Verletzung im Frühjahrstraining humpelte ich lange Zeit auf Krücken. Mein Bein schmerzte anfangs, doch da ich laufen konnte, beschwerte ich mich nicht. Die Trainer berieten sich mit dem Mannschaftsarzt, doch der Arzt kam nicht auf mich zu, um mein Bein zu untersuchen oder auch nur ein Wort mit mir zu reden. Zuhause verschlechterte sich mein Zustand dramatisch, laufen war plötzlich unmöglich. Mein Wadenmuskel fühlte sich hart wie ein Stein an, und die Schmerzen waren stark. Ich suchte meine eigene Ärztin auf, was den Mannschaftsarzt offenbar nicht interessierte. Später in der Saison verloren wir gegen unsere Stadtrivalen aus East Grand Rapids. Noch immer an Krücken, schrie mich der Mannschaftsarzt an, wir hätten das Spiel nicht verloren, wenn ich nur gespielt hätte.

Er stellte mich an der Seitenlinie vor dem gesamten Team zur Rede, und ich wurde wütend. Ich erwiderte, ich würde nur dann spielen, wenn mein Arzt es gestatte, und fügte hinzu, dass der Mannschaftsarzt kein Arzt sei. Zur Verdeutlichung fügte ich einige Adjektive hinzu. Er war zwar Arzt, doch sein Fachgebiet lag in der Gynäkologie. Er kam auf mich zu und packte mich am Kragen meines Hemdes. Ich ergriff sein Hemd ebenso. Die Tribüne war voller Menschen, und ich spürte, dass alle Augen auf uns ruhten. Kurz darauf trennte uns jemand, doch die Spannung blieb hoch. Es wunderte mich, dass niemand aus dem Trainer- oder Schulvertretungsteam das Gespräch suchte. Zum nächsten Spiel erschien eine neue medizinische Fachkraft.

Die Fußballtrainer behandelten mich anschließend nie wieder gleich, und meine Spielzeit blieb fortan begrenzt.

Mir wurde am Anfang des Footballcamps in meinem letzten Schuljahr klar, dass ich nie hätte im Team spielen dürfen. Ich kam nur kurz zum Einsatz und übernahm die Rolle des Punters. Die Situation verschlechterte sich vermutlich, als der Trainer mich bei einem Spielzug aufs Feld schickte und sein Headsetkabel sich an meinem Fuß verfing. Als ich aufs Spielfeld rannte, riss ihm das Kabel das Headset vom Kopf, und er beschimpfte mich. Ich konnte ein nervöses Lachen nicht verkneifen, als ich mich umdrehte, um ihn anzusehen. Als ich mich wieder umdrehte, um zum Huddle zu rennen und weiterspielen, lachte ich laut.

Mangelnde Lesekompetenz holt mich ein

Neun Wochen umfasste der Kurs „Englische Literatur". Vier Bücher mussten wir lesen. Erst in der Abschlussprüfung, die Aufsatzfragen zu jedem Buch enthielt, schrieben wir eine Leistungsüberprüfung. Nach neun Wochen hatte ich erst ein Buch beendet. Oft schlief ich beim Lesen ein, musste Absätze mehrfach lesen und konnte mich nur schwer konzentrieren. Meine Gedanken schweiften ständig ab. Heute nenne ich dieses Denken Popcorn-Gedanken. Ich weiß nie, wann es knallt oder in welche Richtung es geht. Im Lehrerzimmer traf ich meine Lehrkraft und erklärte, dass ich nur ein Buch gelesen hatte und das mein bestmöglicher Einsatz war. Sie schaute mir kurz in die Augen und sagte, sie würde mich nur zu diesem Buch prüfen. Ich fühlte Dankbarkeit und Erleichterung, weil ich vor dem Test die Wahrheit gesagt hatte.

Ich glaube, ich war das Schlusslicht in meiner Klasse. Noch heute scherze ich darüber, dass ich den Abschluss 425 in einer Klasse mit 413 Schülerinnen und Schülern gemacht habe. Bei meiner Highschool-Abschlussfeier sprangen alle anderen Jugendlichen jubelnd herum, doch ich stand neben meinen Eltern. Meine Mutter fragte mich, ob ich glücklich sei. Ich antwortete: „Nicht wirklich." Ich sagte meinen Eltern, dass ich keinen Abschluss machen wolle. Sie schauten mich fragend an. Ich erklärte, dass ich die Schulzeit hinter mich gebracht hatte und mich der Verantwortung, die auf mich wartete, nicht stellen wollte. Ich sagte: „Sieh sie dir an. Sie haben keine Ahnung, was vor ihnen liegt."

US Navy

Nach der Highschool begann ich in einem Lebensmittelladen in Teilzeit zu arbeiten, bis ich eine Vollzeitstelle als Regaleinräumer und Kassierer erhielt. Schließlich arbeitete ich in der dritten Schicht, und meine Kollegschaft brachte mich dazu, über meine Zukunft nachzudenken. Sie meinten, ich werde in vielen Jahren noch dort stehen, genau wie sie selbst. Obwohl mich, anders als viele andere Kinder, nie ein Militärrekrutierer angerufen hatte, fühlte ich mich verleitet, mich bei der Marine zu melden. Darüber hatte ich schon als Kind mit meinem Freund von nebenan gesprochen. Er besaß einen echten Marinehut, den wir uns abwechselnd aufsetzten.

Ich wählte die Fachrichtung Elektronik, weil ich mir davon gute Chancen für später versprach. Keine Ahnung hatte ich davon. Der Anwerber bei der Marine erklärte, ich hätte eine gute Schule besucht und der Einstellungstest wäre für mich kein Problem. Als er meine Ergebnisse erhielt, sagte er, ich hätte mich schlechter geschlagen, als er erwartet hatte. Dann startete er den Papierkram, also nahm ich an, dass ich den Elektronikkurs knapp erreicht hatte. Doch das traf nicht zu. Ohne zu wissen, was auf mich zukam, ging ich zur Marine.

Im Ausbildungslager der Great Lakes Naval Station fielen meine niedrigen Testergebnisse auf, nachdem mein Kopf rasiert worden war und ich die mehrtägige Abfertigung durchlaufen hatte. Man zog mich zur Seite, während die anderen weiter bearbeitet wurden. Ich hörte, dass sie sagten, das Programm sei für mich nicht geeignet. Weil ich einen Vertrag unterschrieben hatte und die Ausbildungsanforderungen nicht erfüllte, erwartete ich, dass die Marine mir erlauben würde, entweder die Schule zu wechseln oder mich aus dem Dienst zu entlassen. Diese Gelegenheit hat man mir nie gegeben. Ich glaube, dass Gott für mich gearbeitet hat. Wahrscheinlich meinten sie, ich würde scheitern und in einem anderen Kurs mit passendere Testergebnisse besser aufgehoben sein.

Nach dem Bootcamp besuchte ich die einjährige Elektronikgrundschule, unterteilt in Bereiche wie Wechsel- und Gleichstromtheorie. In jedem Abschnitt galten 60 Prozent als Bestehensgrenze. Meine schwachen Lesefähigkeiten und mangelnde

Konzentration zeigten sich ständig. Ich fühlte mich überfordert und kämpfte um gute Noten. Auch meine ersten Mitbewohner waren, wie sie es nannten, „cool", was nicht half.

Zwei von ihnen handelten ständig mit Drogen aus unserem Zimmer, und der dritte Mitbewohner war alkoholabhängig. Ich steckte tief in einer Sache und war weit außerhalb meiner Komfortzone. Ich wollte zurück in mein Bett und in den Sandkasten unter dem Apfelbaum, doch das geht nicht. Das klappt nicht. Heute erkenne ich, dass Gott mir einen Weg bereitete, um eine Fähigkeit zu wecken, und dass er meine Mitbewohner zu meinem Vorteil führte, damit ich zum ersten Mal allein Stellung bezog.

Ich hatte Probleme in der Schule und mit meinen Mitbewohnern. Noch nie war ich von zu Hause weg gewesen, also dachte ich darüber nach, einfach zu verschwinden. Ich schaffte es jedoch nicht, weil ich meinen Eltern keine Schande machen wollte. Weil er mein nächster Vorgesetzter war, sprach ich mit dem leitenden Unteroffizier der Schule. Er wollte nicht, dass ich den Drogenverkauf aus unserem Raum melde, und ermutigte mich, zu schweigen. Ich fühlte mich völlig allein, und der Druck wurde zu groß. Auf meine Bitte, eine psychiatrische Fachkraft aufzusuchen, erhielt ich die Erlaubnis. Zu diesem Zeitpunkt hatte ich bereits das Vertrauen in die Führungskräfte der Marine verloren. Ich fürchtete, sie würden sich an mir rächen, und schaffte es nicht, dem Psychiater zu erzählen, was ich durchmachte. Ich verließ das Büro des Psychiaters am Abgrund, ohne dass er etwas erfuhr.

Kurz vor dem angeblich härtesten Abschnitt der Schule putzte ich meine Uniform für die Inspektion am nächsten Tag. In jener Nacht klopfte ein anderer Matrose unaufhörlich an unser Zimmerfenster, weil er Dope suchte. Die ständigen Störungen und meine Erschöpfung ließen mich einschlafen, sodass ich die Inspektion verpasste. Man verhängte wegen Pflichtversäumnis eine zusätzliche Strafe gegen mich. Zu dieser Zeit hatten sich meine Schlafgewohnheiten geändert. Ich schlief steif wie ein Brett, mit geballten Fäusten, und knirschte mit den Zähnen. Ich wachte ebenso müde auf, wie ich eingeschlafen war. Das war der letzte Strohhalm. Als am nächsten Morgen zwei meiner Mitbewohner noch schliefen, schlug ich dem dritten ins Gesicht und sagte, die Drogerie sei geschlossen. In meinem Zimmer sollte es nichts mehr davon geben.

Ein Problem war gelöst, doch ich kämpfte weiterhin in allen Bereichen. Nach der Arbeit besuchte ich den Nachhilfeunterricht, betete und hielt durch. In jeder Klasse nahm mich der Lehrer beiseite und sagte, ich müsse im Abschlusstest mindestens neunzig Punkte erreichen. Durch Gottes Willen würde ich die Note erreichen. Im letzten Test des letzten Abschnitts meiner elektronischen Grundausbildung steigerte ich endlich meine Leistung. In diesen Abschnitten standen Leistungstests an, bei denen man künstlich ausgelöste Gerätestörungen finden musste.

Um eine Eins zu erhalten, musste man das Problem in der Hälfte der durchschnittlichen Klassenzeit lösen, doch diese lag meist bei nur neunzig Prozent. Ich hatte ein gutes Gefühl, als mein Ausbilder rief: „Sieting, was machst du da? Ich erwiderte, ich mache die Prüfung. Er sagte: „Nein, was machst du hier? Du darfst nicht hier sein! Du hattest nicht die Noten, um in das Programm aufgenommen zu werden. Jeder Ausbilder hatte in deine Akte geschrieben: ‚Er gibt sich Mühe, aber er wird es nicht schaffen.'" Mir war klar, dass ich die einjährige Elektronikschule nur mit Gottes Hilfe geschafft hatte. Ich erinnerte mich, dass meine Gebete entstanden, als ich suchte, und der Heilige Geist mich ermutigte, im Glauben voranzugehen. Diese Erfahrung bestärkte mein Gefühl, dass der Heilige Geist mich zur Marine geführt hatte. Heute sehe ich dieses Erlebnis als das bedeutendste in meinem Leben an, weil es alles veränderte. In diesem Augenblick erkannte ich, dass Gott für mich einen Berg versetzt hatte. Während meiner gesamten Schulzeit hatte ich mich versteckt und nur das Nötigste getan, um ungesehen zu bleiben. Mir fehlte Selbstvertrauen. Gott wollte nicht, dass ich seine Pläne durchkreuze. Er wünschte, dass ich mich zeige und überwinde, was mich lebenslang behindert hätte. Er musste mir sein Versprechen halten. Als er das tat, verschwanden meine Ausreden, nicht an ihn oder mich zu glauben. Nach den Grundkursen in Elektronik besuchte ich die Ausrüstungsschulen für Radar, Empfänger und Sender, elektronische Überwachungsmaßnahmen sowie die U-Boot-Schule. Dabei gehörte ich stets zur Spitzengruppe meiner Klasse.

Mittelmeer Betrieb

Ich habe vorhin bereits zugegeben, dass mein Mundwerk gelegentlich einen Kurzschluss verursachen kann. Bevor ich mich versehe, gelangen die Dinge dann an die Öffentlichkeit. Während ich auf See war, gehörte einer meiner Wachposten zu den Operatoren für elektronische Überwachungsmaßnahmen. Diese Person hörte Radargeräte ab, beobachtete einen kleinen Bildschirm, bewertete mögliche Bedrohungen und meldete sie dem verantwortlichen Offizier im Kontrollraum, dem sogenannten Conn. Heute übernimmt automatische Erkennung diese Aufgaben in kurzer Zeit. Auf meinem alten Boot musste ich mich auf die Signale einstellen, ihre Impulsbreite ermitteln, ein Audiosignal mit der Funkfrequenz mischen, die Impulswiederholungsfrequenz ermitteln und den Scan mit einer Stoppuhr stoppen. Hatte ich alle Daten und erkannte das Signal nicht, verglich ich es mit der Radarsignalveröffentlichung, um zu entscheiden, ob eine weitere Beobachtung sinnvoll war. In vertrauten Gewässern gelang es mir oft, unbekannte Signale allein am Klang zu erkennen. Während meines ersten Einsatzes im Mittelmeer tauchte ich jedoch in eine fremde Welt der elektronischen Strahlung ein, und viele Radarsignale waren mir unbekannt.

Während der Atlantiküberquerung blieb die elektronische Lage ruhig. Doch als wir in der Straße von Gibraltar auf Sehrohrtiefe tauchten, knackte, summte und brummte die Radarwelt. Was auch immer es war, es passierte. Sechs Stunden diesen Lärm im Ohr zu haben zerrt an den Nerven, wenn das Boot auf deinen Schutz vertraut. Mir fiel erst später ein, dass ein Offizier, der den Admiral des Mittelmeers vertrat, unser Schiff betreten hatte, um unsere Ankunft zu begrüßen, nachdem wir aufgetaucht waren. Die Tür meines Raums für elektronische Unterstützungsmaßnahmen stand offen, er trat ein und fragte mich, wie es laufe. Panik bescherte mir Tunnelblick, deshalb blickte ich nicht auf. Ich sagte ihm, wenn er wüsste, was ich da tue, solle er sich einen Platz suchen und mir helfen. Ohne ein Wort zu sagen, verließ er den Raum. Eigentlich wollten wir in den Hafen fahren, uns kurz ausruhen und dann zu Einsätzen aufbrechen. Dazu kam es jedoch nicht. Wegen mir und meines großen Mundwerks mussten wir drei Wochen länger auf dem Mittelmeer trainieren. Ich war sehr froh, dass der Rest der Besatzung nichts von meinem Fehler erfuhr.

Internationale Gewässer beginnen zwölf Meilen vor der Küste, doch Muammar Gaddafi proklamierte die gesamte 350 Meilen lange Bucht als libysche Gewässer. Darum ordnete Präsident Reagan in der Bucht ein Einsatztraining an.

Mehrere Kryptotechniker unterstützten uns bei diesem Abschnitt der Mission. Später entdeckten wir ein libysches U-Boot, das aus dem Hafen auslief und in internationalen Gewässern auf unsere Flotte zusteuerte. Unser Boot tauchte vor dem libyschen U-Boot auf, schaltete unsere U-Boot-Kennungsbake ein und tauchte wieder ab. Dann tauchten wir auf Periskoptiefe zurück, um die Umgebung weiter zu beobachten. Einige Tage danach saß eine Person aus dem Kryptofachteam neben mir im Raum für elektronische Signalsuche. Ich entdeckte in einem Bedrohungsband ein Signal, das mir völlig neu war, und wies die Fachkraft sofort darauf hin. Die Analyse ergab, dass das Signal von einem MiG-Kampfjet russischer Bauart aus Libyen stammte. Unser Boot informierte die Flotte, weil ein Start bevorstand. Später erfuhr ich, dass die Luftwaffe in diesem Gebiet ein großes Flugzeug flog und die Marine unter jedem Flügel eine F14 mitführte, sodass der Verband wie ein einzelnes Flugzeug wirkte. Als die MiGs sich näherten, löste sich das große Flugzeug der Luftwaffe und kehrte zur Basis zurück. Eine der MiGs eröffnete das Feuer auf unsere F/A-18, woraufhin eine der F/A-18 den Angreifer abschoss. Bevor ein zweites Flugzeug abgeschossen werden konnte, sprang die Besatzung des libyschen Flugzeugs ab. Im U-Boot hörten wir die Schüsse und sahen, wie die Flugzeuge ins Wasser stürzten. ANMERKUNG: Diese Details stammen von dem Piloten der Luftwaffe, der mir später berichtete, wie sich das Ereignis aus seinem Blickwinkel abgespielt hatte. Er war mein Vorgesetzter in der Firma, in der ich tätig war.) Die elektronische Welt, der ich tagelang zugehört hatte, verstummte aus Angst vor unserer Invasion. Das einzige aktive Radar, das wir noch empfingen, stammte von der F14 der Marine.

Diese Aktion versetzte alle auf den Wachposten in erhöhte Alarmbereitschaft. Trotz aller Anstrengungen stand ich ein paar Tage später wieder auf Wache, als das Sonar der Conn einen Fisch, also einen

Torpedo, im Wasser meldete. Es war ein alter Torpedo ohne Sonar, und sein Antrieb war deutlich zu hören. Ich saß mit offenem Mund da, unfähig mich zu bewegen, und wartete darauf, dass etwas geschah. Er glitt vorbei, und wir verschwanden, bevor ein zweiter Schuss folgen konnte. Wir ermittelten nie, wer geschossen hatte, doch ich vermute ein libysches U-Boot. Das war meine letzte Seetour während des Wehrdienstes. Danach flog ich direkt zu meiner Partnerin, die unser erstes gemeinsames Kind erwartete.

Schönheitswettbewerb in der Mannschaftsmesse an Bord meines U-Boots, um herauszufinden, wer die Königin von König Neptun sein würde, wenn wir den Äquator überqueren.

Ich lernte meine Frau Lynn bei der Marine kennen

Bei einem Basketballspiel unseres Bootes auf der Basis begleitete Lynn einen Freund von mir, der kurz vor seinem Austritt aus der Marine stand. Danach zog ich mir, bevor ich in mein Zimmer zurückging, ein trockenes Hemd an und ließ das verschwitzte fallen. Lynn schaute mich an, und dieser Blick wirkte wie eine Zeichentrickfigur, bei der die Augen aus den Höhlen treten, der Kiefer herabfällt, die Zunge heraushängt und das Herz aus der Brust springt. Ihr Gesichtsausdruck entging mir nicht. Ich ziehe sie bis heute damit auf. Seitdem sind wir unzertrennlich. Mein Körper ist nicht mehr derselbe, doch sie lässt mich gut fühlen.

Das Leben mit Lynn ist unterhaltsam. Viele Situationen zaubern mir sofort ein Lächeln ins Gesicht. Ein anderes Mal durchliefen wir eine schwierige Phase. Der Prediger erklärte, dass man den Teufel mit Vollmacht aus dem Haus treibe, wenn man ihm im Namen Jesu befehle, zu gehen. Genau das tat Lynn, während sie unsere Badewanne reinigte. Sie flüsterte kaum, doch ich vernahm ihre Worte, sobald ich durch die Schlafzimmertür trat. Ich wollte sie unterstützen, ohne zu wissen, was sie tat, und legte ihr meine Hand auf die Schulter. Sie dachte, der Teufel packe sie, und fuhr deshalb aus der Haut.

Weil sie es gewohnt war, badete Lynn Tyler, unseren ältesten Enkel, und schimpfte stets auf ihn, weil seine Ohren so schmutzig waren, dass man darin Kartoffeln anbauen konnte. Eines Tages nahm sie eine Kartoffel mit ins Bad und schimpfte wieder auf diese Weise mit ihm. Während sie eines seiner Ohren putzte, fiel die Kartoffel ins Badewasser. Tyler kreischte, wir lachten.

Später zogen wir nach Warner Robins zurück. Wir begannen, mit Lynns Familie in die Kirche zu gehen, und wohnten damals in einem kleinen Mietshaus im Norden der Stadt. Eines Tages wollte Lynn im Abstellraum neben dem Carport etwas holen. Dabei fiel ein leerer Benzinkanister herunter und traf sie im Gesicht, sodass sie ein blaues Auge bekam. Eine Person aus der Kirche fragte sie, was mit ihrem Auge passiert sei. Lynn antwortete ihr scherzhaft, ich hätte sie geschlagen.

Er hielt das nicht für einen Scherz und bot an, mehrere Männer zusammenzubringen, damit sie mit dem Yankee darüber sprechen konnten, wie er seine Frau zu behandeln habe. Mehrere Anrufe von Lynn waren nötig, um ihn zur Vernunft zu bringen. Eine Weile fragte ich mich, ob wir uns weiterhin heimlich treffen würden, ohne dass sie es merkt.

Für die Arbeit zog ich mich im Dunkeln an, damit ich Lynn nicht beim Schlafen störte. Manchmal fand sie meine Unterwäsche zu löchrig und meinte, ich hätte sie längst wegwerfen sollen. Weil sie sauber war, riss sie den unteren Teil heraus, faltete sie zusammen und legte sie in meine Kommodenschublade. Sie im Dunkeln anzuziehen, war der einfache Teil. Das Gefühl war jedoch anders, als ich es gewohnt war. Meine Reaktion verriet ihr sofort, dass ich die bodenlosen Schubladen entdeckt hatte. Sie lachte und sagte: „Das hast du davon, wenn du sie nicht wegwirfst."

Wer einmal mit dem Zähneknirschen beginnt, hört nicht mehr auf, sobald der Druck nachlässt. Das Knirschen ließ erst nach, als meine mitfühlende und liebevolle Frau Lynn mir half. Eines Nachts knirschte ich neben ihrem Kopf mit den Zähnen. Sie griff rüber, packte meinen Kiefer, schüttelte meinen Kopf und sagte: „Das hast du davon, wenn du sie nicht wegwirfst." Ich erschrak, weil mein Kopf plötzlich von einer Seite zur anderen rollte, und für einen Moment glaubte ich, meine Lehrerin aus der dritten Klasse hätte mich in die Zange genommen. Ich erschrak, hörte sofort auf, mit den Zähnen zu knirschen, und seitdem bin ich fastbeschwerdefrei. Gelegentlich knirsche ich noch leicht mit den Zähnen, jedoch nie, wenn meine Frau in der Nähe ist. Das ist zu traumatisch!

Bei Familientreffen ist Lynn die Person, die mit den Kindern nach draußen geht und etwas unternimmt. Mehrmals kehrte sie mit blutigen Wunden zurück, weil sie mit dem Roller gestürzt war. Eines Frühjahrs entfernte ich die Plastikabdeckung des Swimmingpools und reinigte ihn, damit er im nächsten Winter wieder benutzt werden konnte. Weil ein Abhang unseren Garten begrenzt, rutschten die Kinder auf der Plane hinunter, während ich sie abspritzte. Dann tauchte Lynn in ihrer Badehose auf und stürmte mit den Kindern los. Mit voller Energie stürmte sie den Hang hinab, bis sie abrupt stoppte und gegen die Hauswand prallte. Sie sah aus wie ein verbeultes Auto nach einem schweren Unfall. Jeder Teil ihres Körpers war verkrümmt. Manchmal nenne ich sie deshalb Prinzessin Grace, natürlich mit einem Lächeln.

Unsere Kinder

Unsere Familie war sehr beschäftigt, während die Kinder aufwuchsen. Kirchliches Engagement und der Besuch von Sportveranstaltungen prägten unseren Alltag. Zuhause galten klare Regeln, wir erwarteten jederzeit gutes Benehmen. Meist genügte in der Kirche ein Fingerzeig, und sie beruhigten sich. Einige Jahre lang spielten wir alle gleichzeitig Baseball und Softball, sodass wir in dieser Saison ständig zu den Ballspielplätzen hin- und zurückliefen. Wir hatten viel Spaß, doch ich bedaure noch heute, dass wir wegen der vielen Termine nie in den Urlaub fuhren, wie es meine Eltern früher taten. Diese Reisen waren besondere Familienerlebnisse. Wir besichtigten Sehenswürdigkeiten, zelteten ein oder zwei Tage und fuhren dann zum nächsten Park. Diese gemeinsamen Erlebnisse schweißten uns zusammen, weil wir die Zeit genossen und uns aufeinander verlassen mussten. Meine Kinder sind inzwischen erwachsen, und es ist schwierig, alle für längere Zeit zusammenzubringen. Ich habe das Gefühl, sie enttäuscht zu haben, weil ich nicht mehr Zeit mit der Familie verbracht habe. Ich hoffe, dass sie beim Lesen meine Stimme und mein Herz hören und für ihre Familien bessere Entscheidungen treffen.

Trotz aller Fehler ist es schwierig, eine Patchworkfamilie zu gründen. Ich habe die beiden ältesten Kinder, Carey und Kevin, stets wie eigene behandelt, weshalb viele Menschen nie erkannten, dass sie meine Stiefkinder sind. Ich war von Anfang an für sie da, als sie fünf und drei Jahre alt waren, und heute bezeichnen sie mich als ihren Vater. Egal wie müde ich nach der Arbeit war, wenn eines von ihnen etwas brauchte, habe ich sein Bedürfnis erfüllt. Viele kleine Momente machen das Vatersein gut. Zu diesen Momenten gehört, ihnen das Fahrradfahren beizubringen, mit ihnen Bälle zu fangen, zu werfen und zu schlagen, ihnen bei den Hausaufgaben zu helfen und mit ihnen zu zelten. Solche Tätigkeiten fördern ihr Wachstum und erfüllen mich, wenn ich sie mit der richtigen Haltung anpacke. Für mich gehört zu den schönsten Erfahrungen, ihnen in die Augen zu schauen, zu lächeln und sie in mein Herz zu lassen.

Früher jagte ich Hirsche. Carey fragte mich nach jeder Jagd in der Einfahrt, ob ich einen „gefangen" hätte. Mich ärgerte, dass sie nie fragte: „Hast du einen erlegt?" Ein Wochenende, an dem meine Eltern in der Stadt waren, brachte mir den ersehnten Hirsch. Mein Vater und Kevin halfen mir, ihn an einem Baum aufzuhängen, zu häuten und zu zerlegen. Im Anschluss blieb das Seil mit einer Schlaufe im Baum, ich bat Kevin, nicht daran zu spielen.

Als ich kurz darauf zurückkam, hing Kevin kopfüber an seinem Bein. Ich drehte mich um, holte die Kamera und schoss ein paar Fotos. Wir lachten, statt uns zu ärgern. Es war ein guter Tag zum Elternsein.

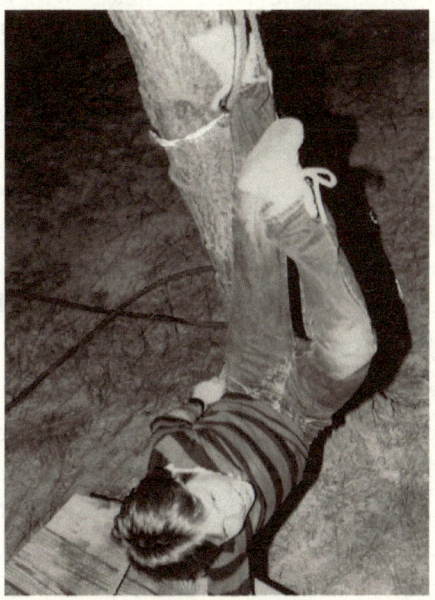

Ich bin dankbar, dass ich die Gelegenheit ergriffen habe, mit meinem Sohn Kevin zu lachen, anstatt wegen einer Kleinigkeit durchzudrehen.

Steve, unser jüngstes Kind, kam von der Schule nach Hause, langweilte sich und wollte angeln gehen. Obwohl Wolken aufzogen, erinnerte ich mich daran, dass wir lange keine gemeinsame Unternehmung mehr gehabt hatten und er nicht oft um etwas bat. Wir beluden das Boot, hängten es an den Lastkraftwagen und fuhren die Straße hinunter. Nach nur einer Meile merkte ich, dass der Reifen des Bootsanhängers platt war. Weil der Schraubenschlüssel des Lastwagens nicht zu den Radmuttern des Bootes passte, koppelte ich das Boot neben der Straße ab. Weil unsere Angelausrüstung an Bord war, wachte

Steve über das Boot. Der Himmel öffnete seine Schleusen, also reichte ich Steve einen Regenschirm, damit er trocken blieb. Auf dem Rückweg von der Werkzeugausgabe sah ich ihn, etwa eine halbe Meile entfernt, unter dem Regenschirm im Schlauchboot auf dem Anhänger sitzen. Ich lachte, denn die Szene wirkte komisch. Noch lustiger war, dass während meiner Abwesenheit jemand neben ihm hergefahren war und ihn gefragt hatte, ob er Glück habe. Es war ein guter Tag, um Eltern zu sein.

Wenn ich auf diese Szene zurückblicke, will ich nur einen Rat geben. Jungen Eltern rate ich zuerst: Liebt eure Kinder und leitet sie. Das gelingt nur durch Gebet und Weisheit. Du musst dein Kind wirklich kennenlernen. Jedes Kind ist einzigartig. Alle sind sehr unterschiedlich. Du kannst sie nicht formen. Gott ist der Schöpfer, und das Wirken des Heiligen Geistes gestaltet jedes menschliche Leben. Gib jedem Kind so viele Chancen wie möglich, die rettende Gnade Gottes kennenzulernen. Zeige ihm den Weg, dem es folgen soll, und sei ihm das bestmögliche Beispiel. Engagiert euch füreinander und tragt dieses Engagement als lebendiges Zeugnis nach außen.

Lege weniger Wert auf Ergebnisse und Trophäen. Würdige stattdessen bei jeder Aufgabe die Anstrengung und die Einstellung. Trophäen verstauben im Regal, während Anstrengung eine erlernte Reaktion ist, die eine lebenslange gute Gewohnheit formt. Anstrengung, verbunden mit einer guten Einstellung, hilft ihnen, alle weiteren Herausforderungen zu meistern. Ein altes Sprichwort, das ich für wahr halte, lautet: „Die Einstellung bestimmt die Höhe." Diese Haltung hilft deinem Kind, später Misserfolge zu überwinden. Viele Faktoren beeinflussen Kinder, darunter die Freunde, die sie sich aussuchen. Sei ihr Einstellungsmesser und hilf ihnen, sich selbst zu lesen, damit sie auch allein kluge Entscheidungen treffen.

Drittens sollten junge Eltern ihren Kindern die Kraft einer Frage zeigen. Jesus nutzte Fragen, um seine Gegner mit ihren eigenen Annahmen zu konfrontieren. Ihnen stets eine Antwort zu liefern ist weniger wirkungsvoll, als sie dabei zu unterstützen, ihre eigenen Fragen zu klären. Sie hören die Antworten und können sich dem nicht entziehen. Es gibt dir außerdem die Gelegenheit, nicht sofort zu reagieren, sondern zunächst auf den Heiligen Geist zu hören, der dir zeigt, welche Worte passend sind und welche nicht. So werden einige Annahmen beseitigt, die wir treffen, wenn wir nicht die ganze Geschichte kennen. Heute scheint jeder eine Agenda zu verfolgen, und wer nicht sorgfältig nach der Wahrheit sucht, gerät leicht in unnötige Verstrickungen.

Jungen Eltern rate ich nicht, ihren Kindern Charakter beizubringen. Worte wirken dabei stark. Wird eine Person als integre Person wahrgenommen, hat das Kind einen großen Vorsprung. Charakter kennt Normen und bildet eine Grundlage, mit der Kinder wachsen.

Arbeit nach der Marine

Ich hatte die Marine verlassen und bewarb mich daraufhin, wo immer sich die Gelegenheit bot, um eine Stelle. Wir wollten auf eigene Faust losziehen, obwohl meine Schwiegereltern gut zu uns waren, uns bei sich wohnen ließen und ich an der Tankstelle aushalf. Ein paar Monate später stellte man mich als Wartungstechniker ein, weil ich den U-Boot-Führerschein besaß und alle Systeme kennenlernen musste. Die Stelle befand sich in der TRW-Anlage in Douglas, Georgia. Einige Menschen sprachen mit uns, doch die meisten starrten nur, selbst wenn wir sie anschauten. Drei Wochen lang besuchten wir eine Kirche, doch auch dort wiederholte sich das Gleiche. Lynn und ich mieteten ein Haus in der Stadt. Das Haus stand an einem Feldweg, gegenüber lag ein Teich. Eines Tages kam ich von der Arbeit nach Hause. Lynn saß in der Ecke des Schlafzimmers, mit dem Rücken zur Wand, und weinte. Ich fragte sie, was los sei, und sie hob den Kopf, dann sagte sie: „Holt mich hier raus!" In Warner Robins eröffnete zu unserer Rettung ein neuer Elektronikbetrieb, und man stellte mich dort ein. Somit endete unser Aufenthalt in Douglas, Georgia, nach nur fünf Monaten.

Die jugendliche Rettung ist großartig und wunderbar, mit einem Glauben, der das Wissen übersteigt. Das spiegelte genau meine Lebenssituation. Meine neue Firma war ein guter Arbeitsplatz, und ich blieb sieben Jahre dort. Die Vielfalt der Geräte, die wir herstellten und reparierten, begeisterte mich, und das Gehalt lag für die Region Middle Georgia auf einem guten Niveau. Ich arbeitete mich bis zum leitenden Techniker hoch. Die Qualitätsabteilung begann später als die Produktionsmitarbeiter, und ihre Einstellung war entspannt. Sie kamen zwar pünktlich, doch sie tranken zuerst ihren Morgenkaffee und rauchten eine Zigarette, bevor sie mit der Arbeit begannen. Ich gewann deshalb den Eindruck, dass die Qualitätsabteilung unsere Produktion nicht unterstützte, weil wir unsere Station inspizieren lassen mussten, bevor wir täglich mit den Verkaufstests beginnen konnten. Um die Produktionsziele zu erreichen, unterbrach ich oft dieses tägliche Ritual. Meine dabei gezeigte Aggressivität verursachte Stress. Junge Menschen kämpfen ihre Schlachten oft nicht im besten Licht.

Ein neuer Qualitätsmanager trat sein Amt an und hörte eher auf andere Personen, was meiner Sache abträglich war. Gesundheitliche Probleme zwangen meinen Vorgesetzten zu einer längeren Auszeit. Die Stelle wurde anschließend mit einer Ingenieurin besetzt.

Ich hatte um die Stelle des Vorgesetzten gebeten, aber ohne Ausbildung hat man meistens das Nachsehen. Nach einiger Zeit wechselte diese Person zu einem anderen Unternehmen, sodass ich schließlich die Aufsicht übernehmen konnte. Als mein alter Chef die Arbeit wieder aufnahm, teilten wir die Aufsichtspflichten. Ich kannte jeden Artikel in der Werkstatt auswendig und nahm deshalb ohne Notizen an der Statusbesprechung des Produktionsmanagers teil. Der Druck, die Produktion abzuschließen, war hoch, und der Betriebsleiter drängte auf Antworten. Der Qualitätsmanager sagte, die Produktion sei schuld. Noch ehe ich mich bremsen konnte, sprach ich. Ich entgegnete, dass die Produktion ohne Hilfe der Qualitätssicherung auskommen müsse, weil deren Mitglieder fast ständig im Pausenraum stünden, sodass ich sie für Statuen hielt und dauernd um sie herumgelaufen war. Damit eröffnete ich den Krieg, und die Wut war groß. Ich erhielt zwar Unterstützung, doch sie half kaum. Schon bald verließ meine Führungskraft das Unternehmen, und du ahnst, wer ihren Posten übernahm. Genau, der Qualitätsmanagement-Manager.

Unter seiner Leitung verlor ich meine Aufsichtsaufgaben und programmierte als Technikerin wieder die Kabelbiegemaschine. Ich arbeitete still für mich. Bald setzte der Betriebsleiter meinem Vorgesetzten zu und verlangte Antworten, doch dieser konnte keine geben. Weil die Produktion sehr niedrig blieb, holte er mich ins Büro, schloss die Tür und verlangte Erklärungen. Ich erwartete, gleich zur Personalabteilung zu gehen und mein Kündigungsschreiben zu erhalten. Es kam jedoch anders. Er hatte bei den beiden anderen Vorgesetzten nach Antworten gesucht und alle über mich verbreiteten Lügen geglaubt. Er sagte: „Wir werden eine Besprechung abhalten, und alles, was gesagt wird, betrifft nicht dich." Er entschuldigte sich und lobte mich dafür, dass ich meine Arbeit nicht vernachlässigt hatte. Ich erwiderte, ich habe bei meiner Ankunft versprochen, meine beste Arbeit zu leisten, und dieses Versprechen hängt nicht von der Person ab, für die ich arbeite. Es war mein Wort. Er sagte, ich sei ein besserer Mensch als er. Danach arbeiteten wir gut zusammen, und ich leitete den Laborbetrieb.

Ein schlechter Apfel

Wir hatten eine Frau, die von meinem früheren Chef so gut behandelt wurde, dass sie glaubte, sie könne in ihrem eigenen Tempo arbeiten, zu spät kommen und dann herumstehen und reden. Später erfuhr ich, dass diese Person das Unternehmen wegen einer neurologischen Störung verklagt hatte. Laut Klage hatte das in der Fabrik verwendete Freon die Störung ausgelöst. Dokumentationen belegten jedoch, dass bei ihr bereits vor Antritt der Stelle eine neurologische Störung bestand. Letztlich verlor sie den Fall, doch die Scheidung gewann sie. Als ihr Vater bei einem Lkw-Unfall starb, versuchte sie, ihre Mutter einweisen zu lassen, um an das Geld zu kommen.

Die Vergleichssumme belief sich auf 250.000 US-Dollar. Sie fand stets Wege, an Geld zu kommen. Ich ahnte nicht, dass ich den Mittelpunkt ihres nächsten Versuchs bilden würde, an Geld zu kommen.

Als ihr Vorgesetzter kannte ich ihr wahres Wesen und mied es, mit ihr zu sprechen. Trotzdem musste ich sie wie alle anderen behandeln und ihre Arbeit anweisen. Wöchentlich tauchten in ihren Zeiterfassungsbögen Fehler auf. Bevor ich gehen konnte, musste die Finanzabteilung die Korrektur vornehmen, damit das Team seine Arbeit abschließen konnte. Ich suchte in den Ordnern ihres Bereichs nach den Unterschriften, ermittelte die Einheiten, korrigierte die Zeitkarten und zeichnete sie ab. Die alten Zeitkarten lagen in einem Aktenschrank im Flur. Niemand ahnte, dass sie dorthin ging und Kopien ihrer geänderten Zeitkarten anfertigte. Außerdem fragte sie ständig, was sie tun sollte, wie sie es tun sollte und wie sie ihre Zeit abrechnen sollte. Diese Fragen kannte jede Person, die dort nur wenige Wochen gearbeitet hatte, obwohl sie ihr siebtes Jahr absolvierte. Bei jeder Frage spürte ich, wie der Heilige Geist mich leitete, mit einer Gegenfrage zu antworten. Ihre Antwort war nötig und bewahrte mich später vor Schwierigkeiten.

Als mir die Probleme mit den Zeitkarten zu viel wurden, bat ich sie in mein Büro. Dort sagte ich ihr, sie solle ihre Arbeit ernst nehmen und entsprechend ihrem Lohn handeln. Andernfalls würde ich weitere Maßnahmen ergreifen, um sie zu disziplinieren. Sie blickte mir direkt in die Augen und sagte langsam, mit Hass in den Augen: „Du schüchterst mich nicht ein", dann verließ sie das Büro. Zwei Tage später klagte sie das Unternehmen, meine Vorgesetzte und mich wegen angeblich verursachtem Stress.

Ihr Anwalt und die behandelnde Person in der Gynäkologie bündelten ihre Kräfte und formten ihr Anwaltsteam. Mir wurde klar, dass meine Erfolgsbilanz bei Gynäkologen schlecht war.

Der geheime Informant

Einige Mitarbeiter erzählten mir, sie würden auf meinem Grab tanzen und danach nie mehr arbeiten. Später enthüllte sie ihre Pläne vor meinem Vorgesetzten, der sie mir weitergab. Eine ihrer vertrauten Freundinnen rief daraufhin meinen Vorgesetzten an und berichtete, was vor sich ging. Dabei stellten wir fest, dass sie meine Korrekturen auf den Zeitkarten kopiert hatte. Außerdem hatte sie sich als Whistleblower an den Militärischen Ermittlungsdienst gewandt und mich wegen Zeitkartenbetrugs durch Abrechnung mit anderen Verträgen angezeigt. Wäre die Anschuldigung vor Gericht bewiesen worden, hätte ich eine Gefängnisstrafe riskiert. Ich sage dir: Selbst wenn du unschuldig bist, erschreckt es dich und macht dich stressig, weil du dir fragst, wie du beweisen kannst, was wirklich passiert ist. Jeden Tag kam eine neue Tatsache ans Licht. Wir wussten sogar, wann sie sich mit dem Militärischen Ermittlungsdienst auf dem Kroger-Parkplatz am Russell Parkway treffen würde, um ihre Unterlagen auszuhändigen. Ermittler des Militärischen Ermittlungsdienstes durchsuchten unseren Betrieb, sprachen jedoch nicht mit mir. Am Ende sprach man das Unternehmen ebenso wie mich frei, verlangte jedoch eine Anpassung der Zeitkartenverfahren.

Ein Problem weniger, dafür klagte mein Teammitglied wegen des erlebten Stresses. Der Informant berichtete, wie Anwalt und Arzt den Fall stützten. Meine ehemalige Mitarbeiterin zeigte dieser Person alles, was sie in ihren Akten hatte, und prahlte damit. Der Informant spielte gut mit, aus einem Grund, den ich nie erfuhr. Noch bevor die Anwälte den Fall vor einen Richter brachten, um mit den Zeugenaussagen zu beginnen, stahl die Informantin das Paket mit den Unterlagen aus dem Haus meiner ehemaligen Mitarbeiterin. Anschließend rief sie meinen Manager an und bat ihn, das Paket bei Hardees abzuholen. Sie wies ihn an, an der Theke nach einem Paket zu fragen. Er schickte mich los. Ich kannte den Inhalt nicht, wusste jedoch, dass er von der Informantin stammte. Das Paket enthielt sämtliche Unterlagen, die ihren Fall belegten. Am nächsten Tag rief die Informantin an und teilte uns mit, dass die Angestellte wütend gewesen sei und die Polizei gerufen habe. Sie warnte uns, dass die Polizei mich für den Einbruch und den

Diebstahl der Dokumente hielt.

Als ob der Stress nicht reichte, kam ich damals mit einer Chemikalie in Kontakt und konnte eine Weile nicht atmen. Während der Exposition stand ich einfach da und erstickte. Es fühlte sich an, als hätte mich eine sehr starke Person so fest in die Arme geschlossen, dass ich meinen Brustkorb nicht ausdehnen konnte, um Luft zu holen. Vor der Belastung hatte ich für die Arbeit einen Lungentest gemacht. Mehrere Lungentests, die ich danach machte, zeigten einen Verlust von 64 Prozent meiner Lungenkapazität.

Genug war Genug

Ein Mitglied des Managements erfasste seine Arbeitszeit nicht korrekt und verbuchte dabei viel Zeit für die Reparatur der Teststationen, die wir täglich nutzten. Als unser Unternehmen den Alleinauftrag der Regierung ausschrieb, bot es mit den tatsächlichen Zahlen. Die Regierung sah den Kostenvoranschlag von etwa zehntausend Dollar pro Monat für die Wartung der Stationen. Daraufhin schrieb sie den Vertrag für kleine Unternehmen aus. Damit verloren wir unsere wichtigste Arbeitsgrundlage. Ohne diesen Großauftrag und wegen mehrerer Gerichtsverfahren schloss das Unternehmen unseren Betrieb und verlegte die Arbeitsplätze nach Kalifornien. Ich unterstützte mehrere meiner Mitarbeitenden dabei, eine Anstellung bei einem Bauunternehmen am anderen Ende der Stadt zu finden. Danach unterstützte ich Menschen in Kalifornien dabei, unsere früheren Aufgaben zu erlernen, bis auch ich entlassen wurde. Schließlich arbeitete ich für dasselbe örtliche Bauunternehmen, bei dem ich mehreren meiner ehemaligen Mitarbeiterinnen und Mitarbeitern zu einer Anstellung verholfen hatte. Nach wenigen Tagen erkannte ich, dass mir der Ort nicht lag, doch weil ich das Geld brauchte, blieb ich viereinhalb Jahre, voller Unzufriedenheit. Kurz nach meinem neuen Job nahm ich mir zweimal frei, um bei einem Gerichtsverfahren auszusagen und rechtliche Unterstützung zu suchen.

Bei der ersten Anhörung waren, abgesehen von mir, lediglich die Rechtsvertretung des Unternehmens, die Gegenseite und eine Protokollführungsperson anwesend. Meine Antworten waren so kurz wie möglich. War eine Frage schlecht formuliert, bat ich um Präzisierung. Ich beantwortete keine Frage, ohne zuvor sicherzugehen, dass ich den gemeinten Sachverhalt richtig erfasst hatte. Das Verhalten beeindruckte den Anwalt des Unternehmens, und er überredete seine Mandantschaft, meine Anwaltskosten zu übernehmen.

Bei der zweiten Anhörung war mein früherer Mitarbeitender ebenfalls anwesend. Meine Mutter sagte mir immer, ich solle keinen Streit anfangen, aber wenn ich in einen gerate, sollte ich ihn besser beenden. Genau diese Haltung hatte ich an diesem Tag. Ich wollte ihnen verbal in den Hintern treten und nutzte jede Chance. Der

Richter, der meine Aussage verlesen sollte, musste nicht zwischen den Zeilen lesen, denn ich buchstabierte es ihm. Sie waren auf der Suche nach dem geheimen Informanten und nach allem, was ihren Fall stärken würde. Weil ich ihre Stimme ein- oder zweimal gehört und das Paket bei Hardee's abgeholt hatte, untersuchten sie diese Punkte.

Ihr Anwalt beging den Fehler, mich nach meiner Meinung zu fragen, und ich weitete meine Antwort weit über das von ihnen gewünschte Maß aus.

Ich habe das offen gesagt von meiner Mutter. Ich wollte, dass der Richter genau erfährt, was für eine Person sie ist. Ich berichtete auch von ihren weiteren Klagen, etwa dem Versuch, ihre eigene Mutter einweisen zu lassen, um das Geld aus dem Versicherungsvergleich zu erhalten, sowie vom sogenannten falschen Freon-Fall, als bei ihr bereits eine neurologische Störung bestand. Ich betonte, dass ich diese Informationen nicht vom Hörensagen hatte, sondern dass sie mir ihre eigenen Worte waren. Zum Abschluss sagte ich: „Meiner Meinung nach ist sie eine Person mit sehr niedrigem Charakter und sie wird alles tun, um Geld für nichts zu bekommen." Außerdem erklärte ich, dass ich unser letztes Gespräch protokolliert hatte und es mit den Worten „Du schüchterst mich nicht ein" geendet war. Das war ihr ganzer Fall, jetzt war er weg. Kurz darauf wies der Richter die Klage ab. Das Gedicht „Geh vor mich, Herr, das bete ich" schildert meine Gefühle und Gebete aus jener Zeit. Ich schlug die Bibel auf und fand Stellen, an denen Gott Kämpfe führt, darum bat ich um sein Eingreifen.

Eine Entscheidung bedeutet nicht immer, dass es vorbei ist

Ich war während der Befragungen mutig und wurde vom Militärischen Ermittlungsdienst sowie von der Klage befreit, also sollte man meinen, ich wäre auf dem Gipfel der Welt. Doch das Gegenteil war der Fall. In meiner neuen Stelle bekam ich nur die Hälfte des Gehalts, Schwindelgefühle überkamen mich oft, und meine Kinder begannen zu toben. Durch den vielen Stress und Aufruhr betete ich nicht mehr und las auch nicht mehr in der Bibel. Es schien keine Zeit dafür zu geben, doch genau das hatte ich am meisten gebraucht. Bald darauf bildeten sich Nierensteine. Bei einer Röntgenuntersuchung der Brust entdeckte man zusätzlich eine Masse. Nach einer Lungen- und Lymphknotenbiopsie sowie mehreren Blutuntersuchungen stellten die Ärztinnen und Ärzte bei mir Sarkoidose fest. Die Ärztinnen und Ärzte erklärten, dass die Krankheit bei unterschiedlichen Menschen verschiedene Symptome hervorrufe. Bei mir befiel die Krankheit das Herz, sodass jeder Schlag so heftig war, dass es sich anfühlte, als würde es aus der Brust springen. Ich war ständig müde und geriet rasch außer Atem. Eine Zeit lang dachte ich, ich würde sterben. Eine Herzspezialistin übernahm die weitere Betreuung und überwachte mich engmaschig. Er startete mit einer Herzablation, doch als diese nicht erfolgreich war, erhielt ich Medikamente zur Kontrolle meines Herzschlags.

Ich fühlte mich, als seien wir für immer auf dieses Leben festgelegt. Mit unseren Kindern erlebten wir zwei Selbstmordversuche und mehrere Verhaftungen. Bei einem Kind lautete die Diagnose schließlich bipolare Störung. Die extremen Höhen und Tiefen, die Betroffene und ihre Angehörige erleben, vermitteln das Gefühl, dass es keinen normalen Tag gibt. Oft fühlte ich mich wie Weizen, der durch ein Sieb fällt, während der Teufel daneben steht, zusieht und lacht. Menschen kamen auf uns zu und sagten, dass wir sie inspiriert hätten, weil wir so viel aushielten und dabei lächelten. Ich hätte ihnen sagen können, dass dies nie unsere Absicht gewesen war, doch wir bedankten uns. Als wäre das nicht genug, zerbrach die Gemeinde, die wir fünfzehn Jahre lang besucht hatten, wegen Streit und Verrat unter den Mitarbeitenden.

Wir suchten Zuflucht in einer anderen Gemeinde, doch in der Niedergeschlagenheit verschließt sich das Herz oft dem Boten. Zehn Jahre lang blieb diese Trockenheit, und meine Seele verdurstete.

Es wäre bequem, die Depression mit den Prüfungen zu rechtfertigen, die mich über Jahre belasteten. Doch das wäre nur eine weitere Ausrede.

In meiner Beziehung zu Gott bin ich gescheitert. So einfach ist das. Gott hat sich nicht verändert. Der Druck des Lebens hat mich von ihm weggedrängt, und ich habe es zugelassen. Ich entschied, meine Religion nicht mehr vorzutäuschen, sondern sie aufzugeben, weil ich genug hatte, sprach ein kurzes Gebet und verstummte. In diesem Augenblick sprach Gott: „Ich höre deinen Schrei." Er kannte meinen Plan, endgültig wegzugehen. Da streckte er die Hand aus und versicherte mir seine Gegenwart und Sorge. In dem Gedicht „Heard My Cry" erzähle ich ausführlicher von dem geistlichen Ertrinken, das mir bevorstand. Vier kleine Worte rissen mich aus dem sicheren Tod. Heute stütze ich mich auf diese vier Worte und weiß, dass ich nicht allein bin. Ich habe eine persönliche Retterin, die mich wirklich liebt. Gott liebt dich ebenso. Erlaube den Umständen deines Lebens nicht, dich zu einem geistlichen Ertrinkungsopfer zu machen.

Ein paar zusätzliche Gedanken

Im Laufe der Jahre habe ich festgestellt, dass Gott mir hilft, Ereignisse als Bilder in meinem Kopf abzurufen. Diese Bilder offenbaren sein Wesen oder entlarven mich, sodass er auf sanfte, liebevolle Weise an mir arbeiten kann. Ich sehe darin ein Geschenk seiner Liebe. Er verknüpft meine gegenwärtigen Kämpfe entweder mit einer vergangenen Erfahrung oder mit einem Bibelvers, den ich verstehe. Er legt mir diese Bilder so vor Augen, dass sie mir Freude, Verständnis und Klarheit schenken, damit er sein gutes Werk in mir vollenden kann. Ich möchte einige dieser Momente mit dir teilen. Einige stammen aus der Zeit vor meiner Sünde, als ich dachte, Gott sei nicht mehr real. Ich frage mich, wie oberflächlich ich war und mich von dieser Kraft abwandte.

Unebenheiten und Schlaglöcher auf der Straße des Lebens

Als junger Christ rang ich damit, sofort alle Sünden und schlechten Angewohnheiten aufzugeben, um in die Kirche zu passen und so zu sein, wie ich es für richtig hielt. Doch meine schlechten Angewohnheiten und Sünden fielen nicht einfach mit meiner Bekehrung weg. Weil ich immer wieder dieselben Fehler machte, war ich oft frustriert. Plötzlich erinnerte mich der Heilige Geist an mein altes Fahrrad. Es war ein altes englisches Rennrad, und ich fühlte mich darauf sehr schnell. Doch das Rad hatte ein Problem, dessen Ursache ich damals nicht erkannte und das ich nicht beheben konnte. Die Folgen erkannte ich jedoch rasch. Die Speichen der Vorderradfelge waren locker. Sobald ich ein Schlagloch oder eine Bodenwelle touchierte, kollabierte das Rad, und ich flog über den Lenker. Damals gab es noch keine Helme, und ich stürzte oft schwer. Ich bin nicht besonders schnell im Kopf, wie ich bereits gesagt habe, aber das hat mich nie davon abgehalten, das Fahrrad zu benutzen. Ich sprang auf, klemmte das Rad zwischen die Oberschenkel und drückte die Beine zusammen, bis die Felge wieder hielt. Danach fuhr ich weiter.

Später fragte ich mich, weshalb Gott mir das Fahrrad in Erinnerung rief, und er erinnerte mich sanft an die Schlaglöcher auf der Straße. Ich würde Straßen begegnen, auf denen ich noch nie gefahren war, und die Verhältnisse vor Ort blieben mir oft unbekannt. Sie zu umfahren, ist keine Lösung. Die Lösung bestand darin, eine neue Fahrradfelge zu besorgen oder die Speichen nachzuspannen, um das Rad auszurichten. Er versprach, meine Wege Schritt für Schritt mit mir zu korrigieren und mich so bei der Überwindung schlechter Gewohnheiten zu unterstützen. Als Nächstes führte er meine Gedanken zu einem Bauernfeld kurz vor der Ernte. Der Weizen wirkte auf dem gesamten Feld gleichmäßig und einheitlich. In der Mitte standen einige Unkräuter. Er erklärte, dass es schädlicher wäre, wenn ich vor der Ernte auf das Feld ginge, um das Unkraut zu entfernen, als wenn ich bis nach der Ernte wartete. Nach der Ernte ginge keine Körner verloren, und das Unkraut ließe sich mühelos entfernen. Wenn ich geduldig blieb, würde er die Ernte meistern und mir bei jeder schlechten Angewohnheit helfen, sobald die Zeit reif war.

Er ist der Herr über unsere persönliche Ernte, doch wir dürfen nicht vergessen, dass dies ebenso für alle anderen gilt. Jede Person erkennt das Unkraut auf dem eigenen Feld, ohne dass eine andere Person darauf hinweisen müsste. Wir sind aufgerufen zu lieben, zu bezeugen und Gottes Wort sowie den Heiligen Geist wirken zu lassen.

Dosen neben der Straße

In der Mitte der 1990er Jahre sammelte kaum jemand Aluminiumdosen. Unsere Royal-Ranger-Gruppe sammelte sie trotzdem, um unsere Aktivitäten zu finanzieren. Zu dieser Zeit lagen in Georgien verschiedenste Abfälle am Straßenrand. Eines Tages fuhr ich von der Arbeit nach Hause und bemerkte in der Nähe meines Hauses viele Dosen am Straßenrand. Eines Sonntagmorgens stand ich früh auf und ging vor der Kirche joggen. Ich nahm einige große Müllsäcke mit. Nach nur einer Meile war ein Sack vollständig gefüllt. Da entschied ich, umzukehren und auf der anderen Straßenseite weiterzusammeln. Zwei Säcke voller Aluminiumdosen gaben mir das Gefühl, einen spürbaren Beitrag zu unserem Programm geleistet zu haben. Schon bald verflog mein Stolz, weil ich spürte, dass der Heilige Geist mir deutlich machte: Die Dosen waren nur ein kleiner Teil der verlorenen Seelen, an denen ich täglich vorbeikam.

Diese Erkenntnis sollte meine Augen für die Welt um mich herum öffnen. Das geschah, doch es durfte nicht alles sein. Ich wünschte, ich könnte behaupten, dass ich auf meinen täglichen Fahrten für Christus unterwegs war und nach seiner Führung suchte, um die Seelen zu erreichen, an denen ich vorbeikam. Ich blieb auf meinem Platz und werde für meine Unterlassungssünden Rechenschaft ablegen. Ich bemühe mich, seinem Bild zu entsprechen, damit sich dies nicht wiederholt.

Dieser Abschnitt meines Lebens sowie jenes Ereignis erinnern mich daran, wie es sein wird, wenn wir unserem Herrn gegenüberstehen. Die Bibel vermittelt uns, wie schrecklich das sein wird, denn er ist der Ich-Bin-der-Ich-Bin. Im Vergleich zu ihm wirkt unsere Gerechtigkeit schmutzig. Wir werden Angst haben, vor ihm zu erscheinen, doch wir müssen in seine Gegenwart treten. In der Bibel wird auch das Buch des Lebens des Lammes erwähnt. Steht unser Name darin, werden wir in die Freude des Herrn eingehen. Das ließ den Tagträumer von diesem Ereignis träumen. Da wir nach Gottes Ebenbild geschaffen sind, werden unsere Seelen zu ihm zurückkehren. Die Haut ist das größte Organ des Menschen. Was wäre, wenn die Haut unserer Seele ihr größter Teil und zugleich Gottes Lebensbuch für unser persönliches

Leben wäre? Ich stelle mir vor, dass jede Sünde sowie jedes unnütze Wort wie ein rotes Tattoo auf die Haut unserer Seele gestochen wäre. Durch Erlösung und Buße wäscht das Blut Christi jede Sünde hinweg. Lediglich das Gute, das wir getan haben, sowie die Sünden, die nicht unter das Blut gelegt wurden, bleiben lesbar wie in einem Buch auf unserer tätowierten Seele.

Es gäbe keinen Streit, denn wir tätowieren uns selbst. Es wäre schrecklich, vor dem Herrn zu stehen, dessen Haut nicht mit Blut, sondern mit Tattoos bedeckt ist, die unsere Sünden aufzeichnen.

Mir ist klar, dass dieses Bild keine biblische Grundlage besitzt. Dennoch zeigt es mir eindringlich, dass ich meine Sünden bereuen und dem Herrn, meinem Gott, gehorchen muss, damit ich es besser verstehe. Das nehme ich nicht auf die leichte Schulter. Möge diese Vorstellung dich anregen, in den spirituellen Spiegel zu blicken und deine Seele sorgfältig zu prüfen. Vergewissere dich, dass sie vollständig mit dem Blut des Lammes gewaschen ist. Der Heilige Geist soll in jedem Raum deines Herzens frei leben, sich bewegen und sein Wesen als Herr über alles entfalten. Ja, es wird schrecklich sein, unserem Herrn von Angesicht zu Angesicht zu begegnen, aber es muss nicht auch noch tragisch sein.

Zertifizierung

Seit Jahren bin ich zertifizierter Löttrainer. Um daran teilzunehmen, musst du dich verpflichten, sämtliche Prozesse, Verfahren und Schulungsunterlagen zu befolgen. Es gibt keinen Ersatz oder Abweichungen. Alle zwei Jahre ist eine Rezertifizierung erforderlich. Der Prozess verdient Respekt, weil nicht alles durch eine Inspektion überprüft werden kann. Während ich mich mit den Anforderungen auseinandersetzte, kam mir oft der Gedanke, dass ein Zertifizierungsprogramm für Christen sinnvoll wäre. Ich habe oft darüber nachgedacht und erkenne, dass Rettung allein nicht ausreicht. Zum christlichen Leben gehört noch mehr.

Wie bei einer Lötstelle lässt sich auch in unserem Leben nicht alles überprüfen. Wir behandeln nicht alle Menschen gleich und tragen eine Fassade vor uns her. Nachdem ich mich wiederholt als Lötausbilderin habe rezertifizieren lassen, erkenne ich, dass Gott ein Zertifizierungsprogramm besitzt, das Jüngerschaft heißt.

Wer Jünger sein will, ordnet sich dem Herrn vollständig unter und folgt den in der Bibel beschriebenen Richtlinien und Verfahren. Es gibt keinen Ersatz. Ich habe manchmal den Eindruck, dass die Kirche bei der Errettung stehen bleibt und das Wachstum in der Jüngerschaft nicht fördert. Referenz: Johannes 8,31 und Lukas 9,23.

Draht-Verbindungen

Hier siehst du, was folgt, wenn eine Lötstelle fehlerhaft bleibt: Ein Draht liegt vor, er ist mit Lötzinn vorverzinnt. Eine Person klemmt ihn an einen Pfosten. Anschließend wickeln Sie den Draht sicher um den Pfosten, sodass er sich nicht bewegt. Danach bildet sich eine Lötbrücke, wenn Lötzinn zwischen Draht und Lötkolben gelangt. Damit die Lötstelle aushärten kann, müssen Draht und Pfosten während des Lötens sowie danach still liegen. Die Lötstelle glänzt und bleibt glatt. Der Strom fließt in einer solchen Verbindung ohne Spannungsabfall.

Wird während des Erstarrens des Lötzinns der Draht oder der Pfosten bewegt, entsteht eine gestörte Lötverbindung, früher auch kalte Lötstelle genannt. Die Lötstelle besteht möglicherweise eine Zeit lang elektrische Tests, versagt jedoch später. Der Strom fließt durch eine gestörte Lötstelle nicht reibungslos. Die Elektronen bewegen sich hin und her und kämpfen sich ihren Weg durch die Verbindung. Dadurch entsteht ein Spannungsabfall, also Wärme in der Verbindung, die dort nicht sein darf, und die Eigenschaften des Stromkreises verändern sich. Da sich solche Fehler schwer erkennen lassen, können sie für den Hersteller sehr teuer werden.

Wie viele Menschen bleiben standhaft, wenn Gott sie durch ein Läuterungsfeuer führt? Anstatt Gott für unser Wohl zu vertrauen, werden wir schnell ungeduldig. Wir beschweren uns und zappeln herum, in der Hoffnung, unseren eigenen Komfort zu finden. Viele Menschen erleben eine gestörte Verbindung zu Gott, und sie fragen sich, warum ihre Gebete unbeantwortet bleiben oder wo Gott in ihrem Leben ist.

Eine weitere Verbindungstechnik nutzt Schrauben und Klemmen. In einem Betrieb, in dem ich gearbeitet habe, trieben große Stromversorgungen die Produktionslinie an. Eines Tages stoppte sie ohne Vorwarnung. Aus dem Inneren des Schaltschranks vernahm ich ein knisterndes Geräusch. Ich öffnete die Tür des Schaltschranks und sah sofort, wie elektrische blaue Feuerbälle über den Platz schossen. Die Schraubverbindungen waren nicht richtig angezogen. Hatten sie sich erst einmal stark genug erhitzt, sprangen Lichtbögen über. Wir schalteten die Leitung ab, zogen alle Verbindungen fest und starteten das Gerät neu.

Beide Beispiele stehen stellvertretend für Verbindungen in der Elektronik und für viele Menschen, die heute leben. Wir beten um Segen, ohne eine gute Verbindung herzustellen, um den Herrn durch unser Herz, unseren Gehorsam und unsere Liebe zu anderen zu berühren, damit wir in ihrem Leben wirken. Wie bei der gestörten Lötverbindung entstand unsere Verbindung, ohne dass wir Gottes Prozess folgten, um ihm nahe zu kommen. Unsere Verbindungen blockieren seine Kommunikation, weil wir seinen Anweisungen nicht folgen. Ich bin froh, dass wir nicht mehr in den Tagen des Alten Testaments leben. Wenn ich an Usa denke, der versuchte, die Bundeslade zu halten, als sie zu stürzen drohte, siehe zweite Buch Samuel, Kapitel sechs, Verse drei bis acht, dann kam er dabei ums Leben, weil er gegen das göttliche Gesetz verstieß.

Dackel - Lektion

Das Wichtigste, nach dem wir streben sollten, ist unsere Verbindung zu Christus (Matthäus 6,33). Die Bibel zeigt uns einen Weg, wie wir uns Gott nähern können. Zum Nachdenken über meine Verbindung zu Gott hat mich eine Geschichte gebracht, die ich gern erzählen möchte.

Wir hatten einmal einen Dackel namens Lewis. Er liebte es, gestreichelt zu werden, und genoss es, uns zu berühren. Eines Tages sah er mich im Garten. Ich rief ihn, und sofort rannte er mit strahlendem Gesicht zu mir. Er stürmte freudig auf mich zu, seine Begeisterung war nicht zu übersehen. Er erreichte fast meine Füße, blieb stehen und legte sich auf den Rücken, weil er eine Bauchmassage wollte. Ich rief ihm mehrmals zu, er solle den Rest des Weges mitkommen, aber er kam nicht. Eine neue Ablenkung fesselte ihn, also rannte er davon, um sie zu erkunden.

Da erkannte ich, wie oft ich genauso reagiere, wenn Gott mich ruft. Ich lasse mich ablenken, gehe nicht weit genug und gehe, genau wie mein Hund Lewis, weg, bevor Gott mich segnen kann. Ich glaube, es ist ein Unterschied, ob ich „zum" Meister komme oder „zum" Meister komme. Das Wörterbuch definiert das Wort „zu" als „bis".

+ zu". Das zeigt sich an meinem Hund: Er kam „zu" mir, doch nicht nah genug, um mich zu berühren. Wenn du zum Herrn gehst, kommst du ihm nah genug, damit er deine Liebe erwidert.

Die Macht deines Gebets

Es gibt bei Gebeten viele Arten. Gott trägt viele Namen; jeder Name besitzt einen eigenen Charakter, eine eigene Bedeutung und Kraft. Auch unsere Gebete weisen solche Eigenschaften auf, denn wir sind nach seinem Bild geschaffen. Eine Eigenschaft übersehen wir jedoch häufig: Gott ist persönlich. >Das Wichtigste ist für Gott, dass du dich seiner Liebe unterordnest und sie unterstützt. Das bedeutet, dass du ihn auf einer persönlichen Ebene kennenlernst. Viele Leser erklären, sie beten, lesen die Bibel und gehen im Glauben, darum gelte das Wort nicht für sie. Darf ich dir eine Frage stellen? Wann hast du zuletzt die Stimme Gottes vernommen? Diese Frage ist persönlich, denn sie betrifft deine Beziehung zu Gott. In Johannes 10,27 sagt Jesus: „Meine Schafe hören auf meine Stimme; ich kenne sie, und sie folgen mir." Höre ich, wie der Herr zu meiner Seele spricht, dann weiß ich, dass ich eine Beziehung zu ihm habe.

Wie kannst du ein Gebetsleben gestalten, das stark, wirksam und persönlich wirkt? In Psalm 130,5 heißt es: „Ich warte auf den HERRN, meine Seele wartet auf sein Wort." Dein Innerstes wartet auf den Herrn, und du setzt dein Vertrauen in sein Wort. Nimm dir Zeit, das Wort Gottes im Geist zu verankern; es dringt dann in die Seele ein und bewegt dich, den guten Hirten zu suchen. In dieser inneren Atmosphäre hörst du Gott, unabhängig von äußeren Ereignissen. Meine intensivsten Gebetserfahrungen entstehen, wenn ich nach dem Gebet in Stille über die Güte Gottes nachdenke und dabei auf das Wort der Heiligen Schrift schaue.

Manchmal unterbricht Gott während der Meditation nach dem Gebet meine Gedanken und erfüllt meine Seele mit Licht. Seine Stimme ist kurz, klar und prägnant. Seine liebevollen Worte ermutigen mich zum Wachstum und führen mich näher zu ihm, wenn ich mehr Zeit für mich brauche. Einmal unterbrach Gott meine Gedanken mit einer Aussage aus der Offenbarung. Er sagte: „Ich habe etwas gegen dich." Ich rechtfertigte mich sofort, fragte dann aber: „Herr, was hast du gegen mich?" Er erwiderte, dass „du jeden Tag an Menschen vorbeigehst und deine Hände nicht schmutzig sind".

Du hältst nicht inne, um ihnen in die Augen zu schauen und

Mitgefühl zu zeigen." Während ich für Gott lebte, legte er mehr von sich in mich hinein, nämlich das Herz eines Dieners. Ich erkannte, dass ich mich nicht von dem Priester oder dem Levit unterschied, die vorbeigingen und dem am Straßenrand liegenden Menschen keine Hilfe anboten. Ich half zwar Menschen in Not, doch Gott wollte, dass ich Hilfeleistung zu einem regelmäßigen Teil meines Lebens machte. Ich tat Buße und beschloss, meinen Weg als Diener zu gehen und in der Gemeinde nach Dienstmöglichkeiten zu suchen.

Während meiner Suche spürte ich den Impuls, mich in einem Hospiz als Freiwillige zu engagieren. Ich war fest entschlossen zu beginnen, auch wenn mein Körper erschöpft war. Noch vor dem Start erhielt ich die Diagnose Leukämie. Aufzugeben war schwer, doch ich konnte nicht mehr weitermachen. Während meiner Behandlung stützte mich allein der Glaube, dass Gott zu mir gesprochen und mich berufen hatte. Ich betete nicht mehr für meine Heilung und vertraute darauf, dass ich seinem Ruf folgen konnte.

Diese Erfahrung ermutigt mich bis heute, doch es war nicht das einzige Mal, dass ich Gottes Stimme hörte. Wer einmal auf Gott wartet und seine Stimme hört, vergisst das nie und sehnt sich nach mehr. Auf dem Weg durchs Leben passieren Menschen immer wieder schlimme Dinge. Halte inne und mache dir die Hände mit Mitgefühl schmutzig. Bück dich und schau den Verletzten in die Augen. Lies sein Wort und meditiere darüber. Unterordnest du dich seiner Liebe und unterstützt sie, werden deine Gebete kraftvoll. Die Kraft des Gebets zeigt deine Tiefe in Christus. Die letzte Frage lautet: Wie tief willst du in Christus gehen?

Krebs

Während meines Krankenhausaufenthalts im Emory Hospital in Atlanta, Georgia, hatte ich gute und schlechte Tage, wie die meisten Krebspatientinnen und Krebspatienten. Eines Tages sprachen meine Frau Lynn und ich über einen günstigen Ausgang. Plötzlich begannen wir, den Refrain eines alten Liedes zu singen: „I've got a feeling that everything is going to be alright". Wir wiederholten diesen Teil immer wieder und unsere Stimmung stieg.

Während eines Gebetes lobte ich Gott für das, was er ist, und dafür, dass er großartig ist. Ich beschrieb, wie ich ihn erlebe. Als ich in meinem Gebet zu dem Satz „Du bist ein Gott ohne Bedeutung" kam, unterbrach er mich und fragte, ob ich selbst bedeutungslos sei. Diese Unterbrechung überraschte mich, weil ich nicht damit gerechnet hatte, dass der Heilige Geist mein Lobgebet unterbrechen würde. Ich dachte nach, denn ich war noch nicht krebsfrei. Keine Garantie sicherte meine Gesundheit oder Zukunft. Nach einer kurzen Pause antwortete ich dem Herrn: „Ja, Herr, ich werde ein Mensch sein, egal, was passiert." In dem Moment durchströmte mich ein Frieden, der jedes Verstehen übersteigt. Schon bald fühlte ich mich, als lebte ich, wie es im einundzwanzigsten Psalm beschrieben wird. Lange Zeit blieb dieses Gefühl bestehen. Später traten weitere gesundheitliche Probleme auf, doch keine von ihnen unterdrückte mich, weil ich bereits entschieden hatte, als Mensch zu leben, dem egal ist, was geschieht.

Sammeln

Bezug: Levitikus 19:9-10 und Deuteronomium 24:19-21

Als Kind nahm unsere Familie an einer Nachlese teil, wie sie in der Bibel beschrieben wird. Dort heißt es, Landwirtinnen und Landwirte sollen die Felder nicht komplett ernten, sondern etwas für arme, alleinstehende, geflüchtete und andere hilfsbedürftige Menschen übrig lassen. Die bekannteste Geschichte erzählt von Rut, die auf dem Feld von Boas nachliest, um sich und ihre Schwiegermutter zu versorgen. In Michigan lebte die Schwester meines Vaters, Leeta, nahe Kartoffelfeldern. Wir kauften große Leinensäcke, die jeweils bis zu hundert Pfund Kartoffeln fassten.

Tante Leeta rief meinen Vater an und sagte ihm, wo die Landwirtinnen und Landwirte an diesem Samstag ernten würden. Wir standen früh auf, fuhren zu den Feldern und warteten, bis der Bauer uns das Betreten der Felder erlaubte und uns den Startpunkt zeigte. Dann stellte sich mein Vater mit seiner Familie in einem Abstand von etwa sechs bis zehn Metern auf, und wir durchwühlten den Boden auf Händen und Knien. Wir arbeiteten, bis wir die gegenüberliegende Feldseite erreichten oder die Säcke ihr Gewicht limitierte. Die Arbeit machte uns Kindern nichts aus, weil wir die Geschichten unserer Eltern über die Zeit der Depression kannten. Um die Stimmung hochzuhalten, riefen wir bei jeder Entdeckung, dass wir eine Kartoffel gefunden hätten, und verglichen ihre Größe.

Nach getaner Arbeit waren wir von Schmutz überzogen. Wir bürsteten uns mit nassen Lappen und Handtüchern ab. An Armen, Beinen und Schuhen klebte der Schmutz besonders. Danach stiegen wir ins Auto und fuhren heim. Glücklich und müde fuhren wir zurück. Die Kartoffeln kamen in den Keller, in dem meist zwei bis drei Zentimeter Wasser auf dem Boden standen. Durch das spärliche Licht, das durch ein kleines Fenster fiel, und die hohe Feuchtigkeit begannen die aufgehängten Kartoffeln zu keimen, und bald wuchsen neue Kartoffeln. Ich mochte es, sie im Winter wachsen zu sehen.

Zwei Jahre lang haben wir geerntet. Im dritten Jahr warteten wir am Feldrand, bis der Landwirt uns das Betreten erlauben würde. Er erklärte jedoch, dass niemand mehr aufs Feld dürfe, weil eine Person die Kartoffeln vor den Geräten geerntet hatte. Ich sah, wie sich Enttäuschung auf dem Gesicht meines Vaters abzeichnete. Ohne ein Wort stiegen wir ins Auto und fuhren schweigend heim. Mein Vater fragte sich sicher, wie wir die Differenz bei den Lebensmitteln ausgleichen sollten. Solche Erfahrungen prägen mein Leben: Wiederholt berauben Menschen andere ihres Privilegs, weil sie weder ihre Mitstreiter noch den Prozess respektieren.

Ich hoffe, dass die Menschen dies lesen und rücksichtsvoller mit ihrem Handeln umgehen.

Mit dem Nachleseprinzip im Hinterkopf geht es im Leben nicht nur um sie!

Fazit

Dem Heiligen Geist schenkte ich lange keine besondere Aufmerksamkeit, weil ich mich stets auf Gott und Jesus konzentrierte. Beim Beten spürte ich zwar eine Führung, doch dass der Heilige Geist mich leitete, daran dachte ich schlicht nicht. Für mich war der Heilige Geist lediglich ein zusätzlicher Name, der mit Gott verbunden war, ohne persönliche Bedeutung. Oft nahm ich ihn als selbstverständlich. Sogar ignorierte ich ihn. Ich ahnte nicht, dass er der Schlüssel ist, um meine Probleme zu überwinden. Durch sein Zeugnis von Jesus wurde mein Herz darauf vorbereitet, Barmherzigkeit, Gnade und Vergebung zu empfangen, die zu meiner persönlichen Freiheit und zur Erneuerung meines Geistes führten. Gerettet zu sein ist nicht dasselbe wie gerettet und frei zu sein. Jetzt lebe ich nicht nur gerettet, sondern auch frei, und diese Freiheit ist keine Gefühlsregung, sondern eine überlegene Lebensart. Ich muss noch viele Hindernisse überwinden, auch spirituelle, weil ich mein Ziel noch nicht erreicht habe. Dennoch tröstet es mich, dass ich seine Stimme kenne und er meine kennt.

Zusammengefasst thematisiert dieses Buch die Kraft der Selbstbeobachtung, des Bekenntnisses, der Buße, der Unterwerfung unter den Herrn und sein Wort sowie des kontinuierlichen geistlichen Wachstums. Ich bin überzeugt, dass Gott möchte, dass wir alle Jüngerinnen und Jünger des Herrn Jesus Christus werden. In Klagelieder 3, 22–23 heißt es: „Die Liebe des Herrn hört nicht auf, seine Barmherzigkeit währt ewig, sie ist jeden Morgen neu; groß ist deine Treue". Weil Gott jeden Morgen neu seine Liebe beweist, achten wir täglich auf seine Weisungen und wachsen in seiner Liebe und Gnade.

Als der Herr mich zum ersten Mal zum Schreiben dieses Buches rief, ahnte ich nicht, welchen Herausforderungen ich begegnen, welche Fehler ich bekennen, bereuen und schließlich in Demut zu Papier bringen müsste, damit jeder es liest. Das war nicht immer leicht, doch ich wusste, dass es nötig war, damit ihr seinen Charakter erkennt. In Galater 5,22–23 heißt es, dass die Frucht des Heiligen Geistes Liebe, Freude, Friede, Nachsicht, Freundlichkeit, Güte, Treue, Sanftmut und Selbstbeherrschung sind.

Im Laufe meines Lebens hat mir der Herr jede dieser Eigenschaften gezeigt. Diese Gaben sind uns geschenkt, damit wir sie in unserem Charakter verwurzeln und Christus immer ähnlicher werden. Gott sandte zuerst seinen Sohn Jesus Christus, damit er für unsere Sünden stirbt, noch ehe wir ihn kannten. Auf ähnliche Weise zeigt er uns fortlaufend die Frucht des Geistes, damit alle Menschen gerettet werden und zu Jesus Christus umkehren.

Das Buch ist nun fertig. Ich lege es ans Kreuz und bitte ihn, es für seinen Namensvetter zu segnen. Die entscheidende Frage, deren Antwort du suchst, lautet: „Kennt Jesus mich?" Das ist die Maßgabe für unsere ewige Sicherheit. Wenn Jesus dich kennt, nimm dir dennoch einen Moment der ehrlichen Selbstreflexion und prüfe deine Einstellung zu Jesus Christus im Licht der Bibel. Bete und suche die Wahrheit für dich. Diese Frage kann niemand außer dir selbst beantworten. Nimm dir, wie in dem Gedicht „Rückkehr" beschrieben, einen Moment Zeit, um deine Tiefe und deinen Standort in Jesus Christus zu finden. Erkenne die Stimme des Heiligen Geistes, damit dein Weg in Christus Tiefe und Sicherheit gewinnt, während du seiner Führung folgst. Solltest du Jesus noch nicht als deinen Herrn und Erlöser kennen, überlege bitte, dein Leben ihm anzuvertrauen. Bete Psalm 51,10 über dich und bitte Gott, dir ein reines Herz zu geben und deinen Geist zu erneuern. Du wirst gesegnet sein!

Danke, dass du dieses Buch gelesen hast. Möge es dich anregen, deinen Weg zu prüfen und bewusst für den Herrn zu leben.

ÜBER DIE AUTOREN

Steven Sieting

Mit sehr geringen Lese- und Schreibkenntnissen, die ich in der Highschool erworben hatte, sah ich kaum Perspektiven für das Berufsleben. Daher entschied ich, dass das College nichts für mich war. Ich stellte mir als junger Mensch die Frage, was ich mit meinem Leben anfangen wollte, und suchte bei Gott nach Orientierung. Ich spürte eine Berufung, in die United States Navy einzutreten, und meldete mich 1976 als Elektroniker. 1976 startete ich die Ausbildung zum Elektroniker. Nach der einjährigen Ausbildung meldete ich mich freiwillig für den U-Boot-Dienst, weil die Bezahlung 75,00 Dollar pro Monat höher war. Noch heute arbeite ich in der Elektronikbranche und genieße die Zusammenarbeit mit Ingenieuren, die Geräte entwerfen, bauen und reparieren. Mit Ingenieuren zu scherzen macht Spaß, weil die meisten sehr detailorientiert denken. Meine Lernschwäche überwand ich, indem ich meine Scham ablegte, keine Ausreden suchte und alles gab.

In Kalifornien lernte ich meine Frau Lynn kennen und machte ihr nach vier Monaten einen Antrag. Ich liebte sie und fühlte mich von Gott geführt, sie zu heiraten. Ich wollte nur einmal heiraten und bin dankbar, sie gefunden zu haben. Gemeinsam haben wir ein Zuhause geschaffen, in dem Liebe zählt. Seit vierundvierzig Jahren sind Lynn und ich verheiratet. Wir haben drei Kinder, Carey, Kevin und Steven, sowie fünf Enkel. Heute liebe ich sie mehr als je zuvor.

Ich kenne den Herrn, bin von ihm abgefallen und habe später den Weg zurück in seine Gegenwart gesucht. Wenn du das tust, rate ich dir dringend, es nicht zu versuchen. Dieser Weg ist weder körperlich noch geistig oder mental sicher. Dieser Absturz gleicht einem Bungee-Sprung vom Berg, bevor das Seil gesichert ist. Tu es nicht! Manche Leserinnen und Leser mögen mich für den spirituellen Darwin Award vorschlagen, doch ich bin sicher nicht der einzige Kandidat. Ich kenne Freude und Depression, Lachen und Trauer. Ich habe beschlossen, den Herrn wie in einem Ehegelübde zu lieben, in Krankheit und Gesundheit, in Reichtum und Armut, bis dass der Tod uns scheidet.

Vertraue auf Gott, dann führt er dich. Schon zu Beginn dieses Buches spürte ich eine Führung des Herrn, die mich in die Marine rief. Der Weg war steinig, denn ich war schüchtern und kein guter Schüler, doch er begleitete mich, stärkte mich in schwierigen Zeiten und versicherte mir seine Liebe. Ich bestand nicht nur jeden Kurs, sondern wurde auch sehr gut in meinem Berufsfeld. Nach meinem Dienst bei der Marine bewarb ich mich auf zwei Stellen, und Unternehmen luden mich ein, für sie zu arbeiten. In den folgenden Vorstellungsgesprächen wog ich ab, welches Unternehmen besser zu mir passte. Ich wurde respektiert und arbeitete in verschiedenen technischen Positionen, in denen ich neue Geräte entwarf, dokumentierte und testete. Ich hatte eine gesegnete Karriere und genoss es, meinem Herrn und Erlöser zu folgen.

Eleanor Sieting

Mit der Erlaubnis meines Vaters, Milton Sieting, werden die Gedichte meiner verstorbenen Mutter, Eleanor Sieting, veröffentlicht. Wir kannten bisher zwei Gedichte mit den Titeln „Trauer" und „Verzweiflung". Nach ihrem Tod entdeckte ich weitere Gedichtentwürfe. Da sie keine Titel vergeben hatte, habe ich für das Buch passende Überschriften gewählt. „Trauer" thematisiert meinen Bruder Richard, der nach einer Gehirnentzündung dem Tod nahe war und meine Eltern verzweifeln ließ. Ich erinnere mich genau daran, wie meine Mutter als Kind auf dem Schoß meines Vaters saß, er sie schweigend hielt, während sie in einer dunklen Nacht in der Küche weinte. Nach zweiundfünfzig Tagen im Krankenhaus kam Richard nach Hause, wo er noch einen langen Genesungsprozess durchmachen musste.

In unserer Familie übernahm meine Mutter die Kommunikation. Ihre Anweisungen erteilte sie nach gründlicher Überlegung, sodass kaum jemand ihre Meinung ändern konnte. Sie war hart, fair und fleißig und erwartete denselben Einsatz von jedem ihrer Kinder. Sie verzichtete auf fast alles, damit die Familie das Nötigste besaß. Bei der ersten Heirat meiner Eltern verwaltete mein Vater jeden Cent und gab ihn aus. Das änderte sich, als ich meine Schwester versehentlich aus einem Bett stieß, während ich ihr hinterherlief. Unsere Nachbarin Mary fuhr uns zum Arzt und übernahm die Kosten für die Behandlung.

Weil er die Familie ohne Geld zurückgelassen hatte, machte sie ihm das Leben schwer. Seitdem wurden sie enge Freundinnen, und Mama übernahm die Verantwortung für das Geld.

Sie ließ ihn nie im Stich. Nach ihrem Tod sagte Papa, sie sei eine von einer Bazillion gewesen, ohne sie hätte er nichts gehabt. Papa hatte Recht.

Weil sie äußerst direkt sprach, wusste jeder sofort, was sie dachte. Wenn eines ihrer Kinder sie enttäuschte, zeigte sie die traurigsten Augen, die ich je gesehen habe. Geschickt führte sie ihre Hände, und immer bastelte sie etwas. Im späteren Leben widmete sie sich vor allem dem Klöppeln, fertigte Kreuze an und verschenkte sie an alle Menschen, denen sie begegnete. Als sie das Krankenhaus zum letzten Mal betrat, schenkte sie das letzte Kreuz. Im Wechsel der Demenzphasen überreichte sie in einer stabilen Phase einer Pflegekraft ein Kreuz. Die Krankenschwester brach zusammen und weinte. Die Pflegekraft durchlebte gerade eine Scheidung und sehnte sich selbst nach Berührung. Kurz darauf glitt meine Mutter für den Rest ihres Lebens in die Demenz. Sie hatte ihr Versprechen an Gott erfüllt, so lange Kreuze zu gestalten und zu verschenken, bis er sie nicht mehr lassen würde. Darum erschien es mir passend, dass Gott dies zu ihrer letzten Handlung werden ließ.

Steven Sieting II

Steve Sieting II ist mein jüngster Sohn, und mit seiner Erlaubnis erscheinen seine Gedichte in diesem Buch. Während seines Studiums verfasste er sie und überreichte sie uns an den Ehrentagen für Eltern als Geschenk. Er hat die Georgia Southern University abgeschlossen. Mit seiner Frau Karin und ihren drei Söhnen lebt er in Warner Robins. Während seiner Jugend spielte er Baseball in der örtlichen Little League und später in der Highschool. Ich beobachte sein Wachstum im Glauben, während er seine Familie führt und zugleich ein Überwinder bleibt.

www.ingramcontent.com/pod-product-compliance
Lightning Source LLC
Chambersburg PA
CBHW021155130626
46554CB00005B/1829